## HEYNE
## LIEBES-HOROSKOPE

VENVS

**HEYNE
LIEBES-HOROSKOPE**

# ZWILLINGE

## 21. Mai - 21. Juni

Herausgegeben von
Hubert von Lautenbach

mit 46 Abbildungen

Wilhelm Heyne Verlag
München

Abbildung auf Seite 4:
*Titelkupfer zu »Venus la populaire«, London 1728*

Copyright © 1981 by Wilhelm Heyne Verlag, München
Illustrationen: Elfriede Weidenhaus, Stuttgart
Innenbebilderung: Archiv – Autor und Verlag
dpa München (9), Stiftung Deutsche Kinemathek, Berlin (8),
IFS-Institut für Sexualwissenschaft, München (1),
Printed in Germany 1981
Umschlaggestaltung: Atelier Heinrichs & Schütz, München
Gesamtherstellung: Friedrich Pustet, Regensburg
ISBN 3–453–46083–9

# Inhalt

Die himmlischen Rosen
Eine Einführung . . . . . . . . . . . . . . . . . . 9

Der Aktivist mit den zwei Gesichtern . . . . . . . . 25

Eine Frau mit vielen Gesichtern . . . . . . . . . . 39

Die große Attraktion . . . . . . . . . . . . . . . . 53

Zwilling-Experimente . . . . . . . . . . . . . . . 77

Wo die Sterne nicht leuchten . . . . . . . . . . . . 99

Das Astro-Schema der Partnerschaft . . . . . . . . 111

Und ganz zum Schluß: Die Coda für die Zwilling-Frau  127

*Die Zwillinge, karolingische Tierkreiszeichendarstellung*

# Die himmlischen Rosen

Die in Jahrtausenden bewährten Weisheiten der Astrologie gewinnen von Tag zu Tag mehr Anhänger, spenden Tag für Tag mehr Trost, Zuversicht und Rat. Denn die Rhythmen unseres Lebens sind schneller geworden, die Entscheidungen drängen, jeder einzelne braucht heute Lebenshilfe und Chancendeutung in irgendeiner Form. Die ganze Welt hat verfolgt, wie Präsident John F. Kennedy auf Grund seines Geburtshoroskops gewarnt wurde, wie er diese Warnungen einer berühmten Astrologin in den Wind schlug und in Dallas ermordet wurde, und wer immer sich mit Astrologie und Geschichte beschäftigte, weiß von den sensationellen Voraussagen des großen Nostradamus, der die Eroberung der Stadt Wien durch Stalins Truppen voraussagte, wobei er den Zentralsekretär der KPdSU freilich den ›Zaren aus Georgien‹ nannte.

Die Erfolge der politischen Astrologie sind Legion; sie machen Schlagzeilen, und sie werden naturgemäß stärker beachtet als der Umstand, daß eine durch diese Erfolge bestätigte Wissenschaft auch auf anderen Gebieten des menschlichen Lebens von höchstem Wert sein kann – etwa in dem Bereich, in dem die quälendsten Unsicherheiten herrschen und in zahllosen Fällen unser Leben vergiften, ein der Vernunft und Logik nur bedingt unterworfener Bereich unseres Lebens, in dem doch die schwierigsten und folgenreichsten Entscheidungen zu treffen sind: die Fragen der Partnerwahl, der Liebe, der Ehe, des Zusammenlebens, der Freundschaft, der Zusammenarbeit, der zwischenmenschlichen Beziehungen überhaupt.

Frauen von legendärer Schönheit, die ihrem Aussehen und ihrem persönlichen Zauber blind vertrauen durften wie Poppäa Sabina, die Gemahlin des Kaisers Nero, befragten eigene vertraute Astrologen vor jeder Liebesnacht, und Cornelius Tacitus, der geschworene Feind der Hofastrologen, gibt in seinen *Historien* dennoch zu, daß es kaum eine Fürstenehe ohne astrologische Berater gebe.

Damit werden wir auf eine Seite der Astrologie hingewiesen, die bis heute im Schatten der großen Prophezeiungen und der politischen Astrologie stand, und man hat sie im Unterschied zur Schwarzen Astrologie, der Himmelskunde von den Machtverhältnissen auf der Erde, die *Rosa Astrologie* genannt, die Deutung erotischer und sexueller Bedingtheiten aufgrund astrologischer Kenntnisse und Erfahrungen. In sie sind in den letzten Jahrzehnten astropsychologische und astrosexuelle Forschungsergebnisse aus verschiedenen Ländern eingegangen, und ihre Hinweise und Ratschläge haben inzwischen für Millionen von Menschen große Bedeutung erlangt.

Unsere Umwelt, unsere berufliche Existenz, unsere wirtschaftlichen Möglichkeiten sind durch Gesetze und Gepflogenheiten geregelt. Nur unser privates Dasein, unsere Gefühle, Stimmungen, Wünsche und Begierden präsentieren sich uns oft als ein Chaos, als ein kaum zu entwirrendes Geflecht der Widersprüche, Überraschungen und Enttäuschungen. Dieses Chaos aber ist nur scheinbar, und die Widersprüche lösen sich auf, wenn wir die Astrologie als Lebenshilfe in Anspruch nehmen, wenn wir sie heranziehen, um die Überraschungen in erwartete Chancen zu verwandeln und uns die Enttäuschungen weitgehend zu ersparen. Vertiefen wir uns in den ungeheuren Erfahrungsschatz der jahrtausendealten Astrologie, so erkennen wir ein Gut-

*Hebräische Tierkreisdarstellung*

teil jener Kräfte und Neigungen, die uns im heikelsten
Bereich unseres Lebens beeinflussen. Denn es wäre doch
höchst unlogisch anzunehmen, daß unser Tierkreiszeichen,
das uns auf bestimmte Berufe und Verhaltensweisen hin-
weist, dort nichts mehr zu sagen hätte, wo das Gefühl und
die Tiefenkräfte der Seele sich am deutlichsten bekunden.

Keiner von uns lebt allein, und der Mensch ist zum
Alleinleben auch nicht geschaffen, im Gegenteil: Jede Ver-
einzelung begründet abnorme Entwicklungen in uns. Die

*Das Verhältnis der Tierkreiszeichen zueinander,
Darstellung von 1624*

Beziehungen zu unseren Mitmenschen bestimmen daher
nicht nur die Äußerlichkeiten unseres Lebens, sondern auch
unsere eigene menschliche Entwicklung und Entfaltung.
Dennoch sind wir auf diesem wichtigsten Gebiet unseres
Daseins und unserer Daseinsdeutung im allgemeinen ohne
sichere Kenntnisse und auf Vermutungen angewiesen.

Die astrologische Charakterkunde, die astrosexuellen Erkenntnisse und unser Wissen von uns selbst können aber in
ihrem Zusammenwirken sehr viele Fragen beantworten und
die große Unsicherheit in überschaubare Felder verwandeln. Wir wollen nicht so weit gehen, Ihnen, wenn Sie schon
lieben, den Geliebten auszureden. Um das verantworten zu
können, müßten ganz genaue Horoskope nach Geburtsstunde und Geburtsort beider Partner erstellt werden. Aber

wir können aus dem großen Fundus gespeicherter Erfahrungen die Tendenzen nennen, die Aussichten bezeichnen, die sich aus der Kombination bestimmter Tierkreiszeichen und der zugehörigen Planeteneinflüsse ergeben.

Der Blick ins Leben und in unsere Umwelt wird damit

*George Grosz: »Freundinnen«*

klarer, vor allem, weil wir vor solchen Fragen ja nicht nur am Vorabend der Ehe stehen. Der erste Mann im Leben einer Frau erlangt oft stärkere Bedeutung für ihre persönliche Entwicklung als der spätere Ehemann, und so manche kluge Freundin hat einen Mann befähigt, später, in der Ehe, die angestrebte Führungsrolle tatsächlich auszufüllen. Auch gleichgeschlechtliche Freundschaften können uns fördern oder hemmen, auch platonische Beziehungen zwischen den Geschlechtern vermögen für Leben und Persönlichkeitsentwicklung schicksalhafte Bedeutung zu gewinnen. All das läßt sich nicht ausrechnen, so wichtig dies auch wäre, aber es läßt sich erkunden, erwägen, überlegen – und die einzige wirkliche chancenreiche Beratung zu diesen Fragen übt nun einmal die Astrologie aus.

Der besondere Aspekt der Astrologie, wie er in den zwölf Bänden dieser Reihe im Vordergrund steht, macht die Rolle deutlich, die der modernen Astrologie am besten ansteht, nämlich die der Lebenshilfe. Da sich jeder dieser Bände mit einem bestimmten Tierkreiszeichen beschäftigt, wendet er sich an alle, die unter dem entsprechenden Zeichen geboren sind oder einen Partner besitzen, über dem das Zeichen steht. Das sind sehr viele Menschen, sehr viele unterschiedliche Geburtsorte und Geburtsstunden, und auch die Unterschiede der Dekaden (2.–30., 1.–10., 11.–20.) spielen natürlich eine Rolle. Wollten wir ins astrologische Detail gehen, dann würden wir allein bei der Mitberücksichtigung der Aszendenten schon 144 Bändchen brauchen statt der vorliegenden zwölf, und wenn wir die Dekaden auch noch in Anschlag brächten, wären wir bei einer astrologischen Beratungsbibliothek von einem halben Tausend Bände angelangt.

Es ging bei der Abfassung unserer Reihe also darum, eine vernünftige Mitte zu finden, die dem interessierten Leser Rat und Hilfe bietet, vor allem aber Ansätze zum eigenen Weiterdenken. Den Rückbezug auf das eigene Ich, das spezielle Schicksal wird jeder leicht finden, der sich in die hier ausgebreiteten Partnerschicksale und Beziehungsab-

*Buddhistische Plastik an einem Tempel bei Peking*

*Chinesisches Rollbild auf Papier, 18. Jahrhundert (?)*

läufe ein wenig eingefühlt hat. Natürlich sind alle Menschen verschieden, und daß wir aus naheliegenden Gründen nicht von Hinz und Kunz sprechen, sondern von bedeutenden Menschen verschiedener Zeiten, das wird, so hoffen wir, nicht nur die nötige Distanz schaffen, die jedes instruktive Beispiel braucht, um über den Einzelfall hinaus zu wirken – es soll unseren Lesern auch zeigen, daß weder das Genie noch der Reichtum, weder die hohe Geburt noch der Starruhm den einzelnen Menschen seinem Schicksal entziehen können. Unter den Sternen sind wir alle gleich, nur hatten und haben jene, die weiter oben oder ganz oben stehen, häufiger das Bedürfnis, in ihrer natürlichen Einsamkeit einen Kundigen zu fragen oder vor großen Entscheidungen den Rat eines Wissenden zu erbitten.

Zweifellos gibt es kein anderes Gebiet der menschlichen Existenz, in dem Unwägbares, Zartes, Geheimnisvolles so große Bedeutung erlangt wie in der Liebe im weitesten Sinn, der Beziehung der Geschlechter, der Partnerschaft bei Tag

16

und bei Nacht. Dennoch gibt es noch keine Sexualastrologie, und das, was man uns in den letzten Jahren als solche servieren wollte, mit Direkteinwirkung der Sterne auf die Sexpositionen, ja auf die Genitalorgane, ist nicht nur Humbug, sondern hat für jeden, der an der Astrologie ernsthaft interessiert ist, blasphemischen Charakter. Andererseits aber gehört das Geschlecht zum ganzen Menschen, und gerade die Völker der Alten Welt, denen wir die Ausbildung der Astrologie verdanken, waren weit davon entfernt, die sexuelle Komponente unseres Lebens auszuklammern wie später das Christentum. Die in diesen Bänden enthaltenen Mann-Frau-Beziehungen werden darum durchaus offen dargestellt; alle belegbaren oder einwandfrei zu erschließenden Fakten sind angeführt. Was fehlt, ist die Spekulation, ist die Sensation, wie sie manche Zeitschriften wegen der Zündwirkung von Prominenz plus Indiskretion zusammenbrauen. Denn wir wollten Bücher machen, dauerhaft, kurzgefaßt, ehrlich: behutsame astrologische Hinweise zu exemplarischen Ehe- oder Liebesbeziehungen, die eigentlich auch dann zu interessieren vermögen, wenn man gerade kein eigenes brennendes Partnerschaftsproblem zu lösen hat. Stehen unsere Leser jedoch solchen Problemen gegenüber – und auf wen wären sie in einem Leben nicht wiederholt zugekommen –, so sind die Beispiele dieser zwölf Tierkreiszeichen-Bände ganz gewiß eine anschauliche und instruktive Hilfe. Wir sehen an ihnen die Könige zu Menschen werden, die uns simplen Erdenbürgern höchstens etwas Kleingeld voraushaben, und wir erkennen, daß auch die Berühmten unserer Tage an den gleichen Klippen scheitern können; wir erleben die triumphierende Freude der in der Liebe Siegreichen mit, auch wenn sie vorher schon Triumphe der Macht, des Geldes oder der Kunst gefeiert haben, und gestehen uns, daß das Glück in der Liebe in jeder Sozialwohnung so intensiv sein kann wie in einem Palastbett.

Wir nennen Namen, wo immer es angeht, und bitten die Genannten um Verständnis für die Herstellung einer Sternenbeziehung, auch wenn diese ihnen unbewußt war: Die Sterne zwingen nicht, sie machen nur geneigt, und dieser Neigungen muß sich gewiß keiner schämen. Die Astrologie ist die älteste und traditionsreichste Nutzanwendung exakter wissenschaftlicher Erkenntnisse auf den Menschen. Astronomie und Empirie, Himmelskunde und Erfahrungswissenschaft vom Menschen haben sie gemeinsam geschaffen und im Lauf der Jahrtausende einen Wissensstoff gespeichert, wie er höchstens noch in der alten Medizin vergleichbar anzutreffen ist – vergleichbar, weil die Universalwissenschaft vom Menschen bis herauf zu Paracelsus sowohl die Astrologie als auch die Medizin einschloß.

Ordnung und Gliederung dieser Wissensfülle begannen im alten Zweistromland damit, daß der Jahreslauf für die Zwecke der Charakter- und Schicksalsdeutung unterteilt wurde. Die scheinbare Himmelskugel wird – ebenso scheinbar – von der Sonne durchlaufen, und zwar auf einem größten Kreis. Dieser größte Kreis schneidet den Himmelsäquator – wie nicht anders möglich – an zwei Punkten: Das sind die Äquinoktialpunkte, so benannt, weil Tag und Nacht gleich lang sind, wenn die Sonne in diesen Punkten steht. Der eine dieser Punkte ist der 21. März, auch Widder-Punkt benannt, der andere der 23. September (Herbstpunkt).

Damit waren seit alters die Jahresviertel bestimmt, die man als astronomische Jahreszeiten bezeichnet, angefangen vom Frühling, der nach der Sommersonnenwende vom Sommer abgelöst wird, bis hin zum Herbst und dem nach der Wintersonnenwende folgenden Winter. Die 360 Grade dieses größten Kreises, der Ekliptik, werden aber auch in zwölf Felder zu je dreißig Graden eingeteilt, und da die meisten dieser Felder nach einem Sternbild benannt waren, das einen Tiernamen trägt, erhielt nun das ganze im Rund angeordnete Dutzend den Namen Tierkreis (Zodiacus). Er hebt an mit dem am Frühlingspunkt beginnenden Widder, darauf folgen Stier und Zwillinge als weitere Frühlingszeichen. Krebs, Löwe und Jungfrau sind die Sommerzeichen, Waage, Skorpion und Schütze die des Herbstes und Steinbock, Wassermann und Fische schließlich die des Winters.

Bei dieser Einteilung ist es geblieben, durch mindestens sechs, wenn nicht sieben Jahrtausende, trotz kleiner Verschiebungen der Grenzdaten zwischen den Tierkreiszeichen und der Kalenderreformen des Altertums sowie des Mittelalters. Die ehrwürdigste und berühmteste Darstellung dieses Tierkreises fand sich in den Tempelruinen von Dendera, am linken Nilufer nördlich von Theben gelegen und heute in den ägyptischen Sammlungen des Pariser Louvre zu bewundern.

Die Tierkreiszeichen sind die bekanntesten Elemente der Astrologie geworden. Sie spielen in der sogenannten Unter-

*Peep-Show – keine Erfindung unserer Tage*
*Französischer Kupferstich um 1800*

*Zeichnung von Picasso*

haltungsastrologie eine große Rolle, und selbst Kinder sagen beim Spielen zueinander: »Dich mag ich nicht, du bist ein Widder!« und ähnliches. Die Bedeutung der Zwölfteilung liegt jedoch nicht so sehr in den Symbolen selbst, die ja kaum eine direkte Beziehung zum Charakter der unter dem betreffenden Zeichen geborenen Menschen haben, sondern vielmehr in dem charakterologischen Schema, das damit gewonnen ist und dem seit uralten Zeiten nun die Erfahrungswerte zugeordnet werden – Erfahrungen, die bei allen alten Kulturvölkern von den am besten unterrichteten, am tiefsten blickenden, weisesten und klügsten Menschen aufgezeichnet und kommentiert wurden. Mag auch so manche moderne Datenbank vom reinen Umfang her mehr Informationen gespeichert haben, so ist die durch die Jahrtausende bewährte, bei vielen Völkern erprobte empirische Schatzkammer der Welt-Astrologie doch absolut einzigartig und mit keinem anderen Wissensreservoir zu vergleichen. Man darf nur nicht glauben, daß der Schlüssel zu diesem Wissen das Tierkreiszeichen allein sei und daß all die klingelnden Informationen, die sich für uns mit ›unserem‹ Zeichen verbinden, an sich schon Wert und Bedeutung besitzen, bevor noch weitere Informationen hinzukommen. Die erwähnte Schatzkammer ist nämlich kein simples Archiv, in dem man nur Laden aufziehen muß, sondern sie besteht aus

*Satyr und Mänade, attische Schale des Makron*

*Isis erregt den Phallus, eine Darstellung aus dem alten Ägypten*

Lebendigem, aus Lebens-Summen, aus Erfahrungs-Klein-
odien, gesammelt von den alten Chaldäern und Babyloniern
über die Ägypter und Griechen bis herauf in unsere Tage.

Neben dem Tierkreiszeichen ist noch der Aszendent von Bedeutung, das aufsteigende Zeichen. Da sich die Erde innerhalb von 24 Stunden einmal um die eigene Achse dreht, also unter dem ganzen umgebenden Sternenhimmel rotiert, entspricht jedes Tierkreiszwölftel 30 Grad (von 360) oder aber zwei Stunden. Es ist daher für die Erstellung eines genauen persönlichen Horoskops wichtig, die eigene Geburtsstunde zu kennen und natürlich auch den Geburtsort. Denn nun spielen die Lage des Geburtsortes auf der Erdkugel und zum Beispiel auch Sommerzeiten eine Rolle, und damit wird es kompliziert.

Die Tagesstunde war den alten Völkern und ebenso den vorgeschichtlichen Seefahrervölkern des südlichen und westlichen Europa nicht minder bedeutsam als der Sternenhimmel selbst. Sonne und Mond, die Herrscher von Tag und Nacht, gingen immer durch das Leben der Menschen, ja sie nahmen sogar unmittelbarer an ihm teil als die fernen Sternbilder mit ihrem stillen, kalten Glanz. Man weiß heute, daß einige der eindrucksvollsten und rätselhaftesten vorgeschichtlichen Baudenkmäler – etwa das südenglische Stonehenge, eine Rundsetzung riesiger Steine (Megalithe) – von einem Volk erbaut wurden, das sehr genaue Himmelsbeobachtungen vornahm und deren Ergebnisse berücksichtigte. Die Sonne, ihre Stellung über dem Meer und ihr Versinken im unendlichen westlichen Ozean bildeten religiöse Elemente. Der Westen, wo die Sonne unterging, wurde die Heimat der Toten von den unbekannten Megalithvölkern bis zu den keltischen Druiden, und auf manchen Inseln, wie etwa Helgoland, trafen sich Gläubige verschiedener Völker und Stämme, um gemeinsam den Gestirnen Opfer zu bringen.

Im alten Zweistromland waren Sternenreligion, Astrologie und Astronomie noch eine Einheit; auch die Griechen versetzten viele ihrer Götter und Halbgötter ans Firmament, und erst das Christentum machte aus dem Götterhimmel, der scheinbar die Erde umkreist, selbst eine Schöpfung, wie wir es bei Kepler so schön lesen. Die Astrologie ist also keine Religion mehr, der Christ vermag durchaus ohne sie auszukommen, aber es gibt auch keinen Konflikt zwischen Astrologie und Christentum, denn die Lehre von den Sterneneinflüssen auf den Menschen ist ja nur eine von vielen Deutungen der Schöpfung und ganz gewiß jene, die dem Weltganzen aus Erde und Kosmos am meisten gerecht wird und die größte Ehrfurcht vor den Geheimnissen der Schöpfung bezeigt.

# Der Aktivist mit den zwei Gesichtern

Der Zwilling-Mann widerlegt die Legende, daß die Schönredner im Bett nicht viel bringen, und er zerstört ein weiteres Vorurteil, nämlich das gegenüber jenen Menschen, die im Leben vielerlei beginnen – der Zwilling nämlich macht etwas aus seinen vielen Anfängen, er hat auf seine Art Ausdauer, denn es ist eine Menge Energie nötig, immer wieder etwas Neues anzugehen.

Das Energiewunder Zwilling besteht also darin, daß ein Mann seiner Frau oder seinen Frauen durchaus genügend Kraft, Interesse und Ausdauer widmet und trotzdem im Leben aktiv, wendig, einfallsreich und unermüdlich ist. Woher das kommt, weiß niemand so recht. Sind es die beiden allzu friedlichen Zeichen Stier und Krebs, zwischen denen die Zwillinge im Tierkreis stehen? Oder ist es gar Gott Merkur, der jenem Planeten den Namen gab, welcher über die Zwillinge herrscht: Merkur, der den lateinischen Namen des ewig unruhigen Quecksilbers trägt und in der alten Göttersage nicht nur Gott der Kaufleute war (was noch anginge), sondern auch jener der Diebe?

Worte spielen im Liebesleben eine große Rolle. Wer Worte gut zu setzen weiß, hat zumindest bei der Anbahnung von Beziehungen wenig Schwierigkeiten, und so gelingt denn auch dem Zwilling meist auf Anhieb nicht nur der

*Zwilling-Mann
Prinz Ali Khan –
ein Playboy
mit Geschäftssinn
und geistigen
Interessen*

Kontakt zum anderen Geschlecht, sondern überhaupt die Verbindung zu seinen Mitmenschen. Er hat es viel leichter als andere, Brücken zu schlagen; er kommt schnell an, wie man das heute nennt, und er hat keine Schwierigkeiten, sich auf Menschen einzustellen, die er eine Stunde zuvor überhaupt noch nicht kannte.

Das sind bemerkenswerte Vorzüge, aber sie weisen natürlich auch eine Kehrseite auf. Ein Mann dieser Art ist verwöhnt. Er bricht Kontakte, die sich nicht seinen Wünschen entsprechend entwickeln, schneller ab als andere, weil er weiß, daß es ihn wenig Mühe kostet, neue Verbindungen anzubahnen. Sein Beharrungsvermögen ist also nicht sehr groß, die Investitionsfreude begrenzt; was sich als unerwartet schwierig erweist, wird liegengelassen – sei es auch ein Mensch. Ein in dieser Hinsicht sehr typischer Zwilling war zum Beispiel Prinz Ali Khan, geboren am 13. Juni 1911, ein Mann von Welt mit besten Manieren, nicht ohne geistige Interessen. Aber wie schnell wechselte er seine Bindungen und Verbindungen, wie wenig von jener sprichwörtlichen asiatischen Ruhe war in seiner Lebensführung, wie schnell brannte dieses äußerlich gesehen so reiche Leben ab. Ganz ähnlich lag der Fall des hochbegabten Zwillings John F. Kennedy, geboren am 29. Mai 1917, in einem Jupiterjahr, das den großen Aufstieg verhieß. Erst heute, viele Jahre nach seinem frühen Tod, wird einigermaßen ersichtlich, wie breit dieser Sonnyboy der Weltpolitik seine Sympathien streute.

Diese Veranlagung hat Zwillinge aller Zeiten zum Geist getrieben, weil man von der Hobelbank oder vom Fleischermesser nicht so leicht Abschied nehmen kann wie von einer Studienrichtung.

Die stark beharrenden Kräfte im Handwerk und in anderen traditionellen Berufen haben den Zwilling stets in neue Bahnen getrieben. Er schaut gern um sich, er tastet sich selbst in immer neue Gebiete vor. Lernfreude ist durchaus vorhanden, aber mit der Ausdauer steht es nicht zum besten, wenn auch die starke geistige Neugierde oft Zugkraft genug entwickelt und jenes Beharrungsvermögen ersetzt, das etwas Stier oder Steinbock von Geburt an besitzen. So mancher Zwilling hat sich mit großer Energie zur Ausdauer gezwungen und trotz Vielseitigkeit an Interessen und Ablenkungen Arbeiten von rein äußerlich gewaltigem Umfang hinter sich gebracht – etwa Thomas Mann, geboren am 6. Juni 1875, ein Zwilling der zweiten Dekade, sehr ausgeprägt also und, wie man heute weiß, mit jener homoerotischen Nebenkomponente ausgestattet, die gerade bei Zwilling-Geborenen nicht selten ist. Auf eine besondere Pluto-Konstellation bei Thomas Mann hat Herbert A. Löhlin hingewiesen, mit dem Bemerken, daß sie Breitenwirkung verheiße und daß ein Mensch dieser Plutostellung sehr selten anonym oder unbeachtet bleibe.

Von Pluto auf ihren Beruf hingewiesen, ja auf ihn festgelegt, haben einige typische Zwillinge viel erreicht; aber auch stabilisierende Aszendenten können sich als sehr günstig erweisen, weil dann die guten Zwilling-Anlagen, die in einer bewegten Welt doppelt wertvoll geworden sind, sich nicht mehr in Richtung eines allzu unruhigen Lebenslaufes auswirken, sondern dem Zwilling-Geborenen als zusätzliche Fähigkeiten und Chancen seines Lebens zugute kommen. Das Zwilling-Kind, das von all dem herzlich wenig ahnt, ist in den ersten Lebensjahren oft sonnig und ausgesprochen fröhlich, verdüstert sich dann aber in der Pubertät, wenn es die Schwierigkeiten in der eigenen Natur zu erkennen beginnt und die Unsicherheit über den Lebensweg sich einstellt.

Angesichts dieser etwas problematischen Grundlage ist für den männlichen Zwilling die Partnerwahl noch wichtiger als für den weiblichen. Unsere Gesellschaft erwartet im allgemeinen noch immer vom Mann die Führung der Familie und die Lenkung des Familienschicksals. Der Zwilling ist

*Thomas Mann,
geboren am 6. Juni,
ein Zwilling
der zweiten Dekade*

28

damit gewiß nicht überfordert, er hat viel Gefühl und Interesse für die Seinen, ist allerdings sehr leicht von der Familie wegzulocken und läßt sich umgekehrt durch die Familie wiederum von beruflichen Zielen und Notwendigkeiten ablenken. Er ist zwar aktiv und ohne Unterlaß irgendwie tätig, aber seine Neigung, mindestens nach zwei Richtungen zu arbeiten, gefährdet nicht nur sein Fortkommen, sondern auch den häuslichen Frieden.

Aus diesen Gründen braucht der Zwilling dringender als alle anderen Männer die Rückendeckung durch eine solide und häusliche Partnerin, durch eine Frau, die ihm zumindest den häuslichen Ballast von der Seele nimmt, eine Frau, die unbedingt zu ihm steht und ihn nicht durch lange Diskussion aus seiner ohnedies gefährdeten Bahn wirft. Liest man das, so weiß man eigentlich schon, welche Frau für den Zwilling besonders geeignet wäre: die ausgleichende, beruhigende Waage, die eine einzigartige Fähigkeit besitzt, Probleme beinahe unmerklich und ohne Aufwand zu lösen. Kaum weniger günstig ist die Verbindung mit der Wassermann-Geborenen, denn ihr ist jene außerordentliche Anpassungsfähigkeit eigen, die praktisch ein zweites Ich schafft und damit den Zwilling auf entscheidende Weise in der Ehe verwurzelt. Die dritte der günstigen Möglichkeiten ist die Frau aus dem Tierkreiszeichen Widder, deren zielstrebige Energie unserem ewig schwankenden Allroundman die Richtung geben kann, und ganz ähnlich wirkt auch die Verbindung mit einer Löwin, nur daß in diesem Fall die Herrschaft meist vom Mann auf die Frau übergeht, und das ist auch bei den Zwilling-Geborenen nicht jedermanns Sache.

Der Mann aus dem Tierkreiszeichen der Zwillinge muß sich also zumindest in zweien dieser vier günstigen Fälle mit starken Naturen einlassen, wenn er sein Lebensschiff gut über den Ozean unserer sechzig, siebzig oder achtzig Jahre bringen will. Das macht ihm aber weniger aus, als man meinen sollte, denn zu seinen vielen Fähigkeiten von der Suada bis zur Vielseitigkeit hat er noch den unschätzbaren

Vorzug mitbekommen, einer der besten Liebhaber unter all den zwölf Mischungen zu sein. Zwar macht er davon nicht soviel Aufhebens wie etwa der Skorpion oder auch der Widder-Mann; er ist eher für die leichte Hand, für die flinke und geschickte Lösung, und während die Löwen-Männer einander noch ihre Wundertaten zubrüllen, hat der Zwilling die Begehrte oft bereits abgeschleppt.

Auch wenn sie von Statur nicht gerade athletisch sind, auch wenn nicht jeder Zwilling aussehen kann wie John F. Kennedy oder Prinz Philip von England (geboren am 10. Juni 1921), so wittern die Frauen doch mit erstaunlicher Sicherheit, wie gut es ihnen in den Armen eines Zwillings ergehen wird.

Das wenig bekannte, aber überzeugendste Beispiel dafür war Jean-Paul Sartre, von dem Nelson Algren (der Freund von Sartres Lebensgefährtin Simone de Beauvoir) nach Monaten intimster Nähe trocken feststellte, Sartre sei klein, häßlich und er schiele, aber er habe, wenn er eine Frau ins Bett bekommen wolle, dabei nicht mehr Mühe als Cary Grant. Zeitweise waren es drei schöne Frauen, die Sartre zugleich als Freundinnen hatte, wobei keine von dem Glück der anderen wissen durfte, das heißt: Sie machten einander den häßlichen Philosophen auch noch streitig. Nur auf Simone de Beauvoir, die Steinbock-Frau des berühmten Zwillings, waren sie nicht eifersüchtig, sie stand über den Dingen.

Und Charles Aznavour, geboren am 22. Mai 1924, der kleine, ein wenig traurige Charme-Sänger, der auch ein hervorragender Schauspieler ist? Er gibt in aller Bescheidenheit, aber doch mit der Sicherheit des erfolgsgewohnten Frauenlieblings auf eine Frage von Wendy Leigh die sehr aufschlußreiche und für viele Zwilling-Männer typische Antwort:

»Napoleon pflegte zu sagen, es gebe keine schlechten Armeen, sondern nur schlechte Generale. Ohne anmaßend zu sein, möchte ich diesen Ausspruch für mich abwandeln und sagen: Jede Frau, die ich hatte, war phantastisch im

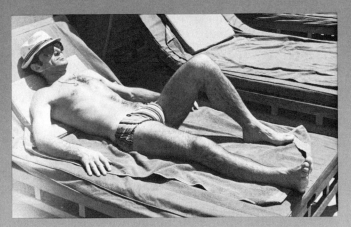

*Charles Aznavour auf Urlaub in Griechenland*

Bett. Ich glaube nicht, daß es so etwas wie eine frigide Frau gibt(!). Die Annäherung des Mannes macht eine Frau einfach gut . . . Junge Frauen, ja jugendliche, sind die besten. Ich ziehe sie allen anderen vor. Ich bin durchaus nicht homosexuell, aber ich liebe knabenhafte Frauen, unentwikkelte, noch nicht ganz fertige. Jeder Mann hat einen Pygmalion-Drang oder einen Mutterkomplex. Was meinen Pygmalion-Wunschtraum angeht, so habe ich am liebsten einen Teenager im Bett. Für mich ist eine Frau gut, wenn sie noch nichts weiß und allem gegenüber aufgeschlossen ist.

Wenn ich mich einer Frau nähere, so möchte ich sie formen, sie alles über das Leben lehren, alles über die Liebe und über das Verhalten im Bett. Die meiste Zeit baut ein Mann eine Frau auf, so wie er sie im Bett haben will . . . Letzten Endes glaube ich: Was eine Frau gut im Bett macht, ist Glück, Entspanntsein und die Fähigkeit, wie eine Blume zu erblühen.«

Charles Aznavour hat damit vielleicht, ohne es zu wissen, sehr bezeichnende, den Sex der Zwilling-Männer nachhaltig

31

aufhellende Beobachtungen preisgegeben. In ihnen ist der sogenannte pädagogische Eros sehr stark, der ja oft eine homoerotische Komponente hat. Aber auch gegenüber Mädchen und Frauen, also im Regelfall, kommt dieses Bildenwollen, dieses Heranbilden, dieses Formen ganz stark zur Geltung. Bevor wir in diesem Buch von Josef von Sternberg und Marlene Dietrich sprechen, möchten wir diesen Zusammenhang an einem historischen Paar nachprüfen, das wir in diesem allgemeinen Kapitel behandeln, weil die Daten der Frau nicht bekannt sind. Es handelt sich um Giuseppe Balsamo, bekannter unter dem selbstgewählten Namen eines Grafen Cagliostro. Er war ein besonders häßlicher Zwilling-Mann, der in Lorenza Feliciani, der Tochter eines neapolitanischen Gürtlers, eine der reizvollsten Frauen seiner Zeit an seine Seite zog, ein Leben lang ausbeutete und schließlich dann doch ihr Opfer wurde.

Der rundgesichtige, von Trunksucht und frühen Ausschweifungen aufgeschwemmte Sizilianer, hatte sich als Wanderhändler mit Büchern, als Apothekergehilfe und in geistlichen Bildungsanstalten allerlei abstruse Kenntnisse erworben, die er mit seiner Suada – auch darin ein typischer Zwilling, sogar der zweiten Dekade – prächtig an den Mann brachte, um so mehr, als im achtzehnten Jahrhundert die Schulmedizin noch ziemlich im dunklen tappte und die Fürsten, die Höfe und die Frauen des reichen Bürgertums an so gut wie alles glaubten, was ihnen nur verlockend genug präsentiert wurde.

Die Verlockung, das war neben Cagliostros Redegewandtheit vor allem seine schöne Frau, ein Kind kleiner, aber anständiger Leute, das auf den gewandt auftretenden Mann mit den großen Allüren hereingefallen und ihm vor allem in den ersten Ehejahren vollkommen hörig war. Man reiste viel in jenem Jahrhundert, aber man reiste langsam, und es bedurfte vieler Etappen. An diesen Umspanngasthöfen saßen die Reisenden aus aller Herren Länder abends an der gemeinsamen Tafel, und diese bildete Cagliostros Betätigungsfeld. Die schöne Lorenza wurde in Abendroben gesteckt, die an Dekolleté nichts zu wünschen übrig ließen, und die auf Reisen seit jeher abenteuerlustige Männerwelt hatte naturgemäß nur Blicke für die stille, unschuldig wirkende und offensichtliche gegen ihren Willen mit halbentblößter Brust und nackten Schultern vorgeführte Frau.

Natürlich war der gerissene Sizilianer viel zu vorsichtig, Lorenza ganz einfach zu prostituieren; das hätte in dem einen oder anderen der vielen Kleinstaaten zu langer Kerkerhaft führen können. Wer sich für die stille Schöne interessierte, erfuhr von dem bescheiden auftretenden, sich seriös gebenden Cagliostro, daß sie auf einer Pilgerfahrt seien und auf die Wohltätigkeit der Mitreisenden angewiesen, oder aber: Cagliostro zeigte irgendeine kleine Grafik, eine Miniatur, erzählte eine Menge über deren großen Wert und strich einen hohen Betrag dafür ein, für den sich Lorenza dann, wenn es Nacht geworden war, von Zimmer zu Zimmer huschend erkenntlich zeigte. Freilich muß man zugeben, daß ihre rührende Schönheit ihr diesen Weg oft ersparte oder daß sie, einmal bei dem reichen Wohltäter gelandet, dann nur noch in Tränen auszubrechen brauchte, um weitergehender Leistungen entbunden zu werden. Selbst hartgesottene Lüstlinge, die nur zahlten, wenn sie etwas bekamen, begnügten sich mit dem Anblick der Schönen, die es verstand, ihre Kleider so auszuziehen, als läge schon darin die äußerste, grausamste Erniedrigung. Erwies sich eine Table-d'Hôte-Runde ausnahmsweise einmal als uninteressiert oder abweisend, so fand Cagliostro immer einen Vorwand, Lorenza nachts im tiefsten Negligé an die Tür eines geeigneten Opfers klopfen zu lassen, worauf sich dann alles weitere von selbst ergab.

Ging es um Frauen, so verzichtete Cagliostro natürlich auf die Dienste der schönen Lorenza und kochte auf diese Weise sein Süppchen an der Herzensfreundschaft mit Elisa von der Recke, einer Stier-Dichterin (20. Mai) aus dem deutsch-baltischen Residenzstädtchen Mitau. Aber auch das Weltstadtpublikum von Paris, der Kardinal Rohan und die Königin Marie Antoinette fielen bekanntlich auf den

*Der italienische Abenteurer Graf Cagliostro, ein Zwilling-Mann,
der es verstand, die Frauen an sich zu binden*

Zwilling-Abenteurer herein, die Halsbandaffäre nötigte
ihn, Frankreich zu verlassen, und in Italien wartete die
päpstliche Inquisition auf ihn. Damit war die Stunde der
Rache für Lorenza gekommen, einer Rache freilich, zu der
sie die Kirche erst überreden mußte, denn nur Lorenza
konnte als Kronzeugin gegen ihren Gatten auftreten, der
seine tausend Schwindeleien ja in allen Ländern Europas
vollbracht hatte.

Pius VI., ein kluger Papst, der in Geschäften aller Art

bewandert war und sich an der Piazza Navona einen herrlichen Palast erbauen ließ, sicherte der nun voll erblühten und berauschend schönen Lorenza zu, daß ihr Giuseppe nicht zum Tode verurteilt werde, woraufhin sie auspackte. Tatsächlich waren die fünf Jahre Haft, die er bis zu seinem Tod im Jahr 1795 noch auf sich zu nehmen hatte, in Anbetracht der sonstigen Gepflogenheiten der Inquisition außerordentlich milde, und man kann noch heute in San Leo (Montefeltro) seine geräumige Zelle mit dem kleinen Laboratorium besichtigen, wo er seinen Experimenten weiter nachgehen konnte. Er starb dennoch im Wahnsinn. Lorenza, die als Freimaurerin den Namen Serafina geführt hatte, verbrachte den Rest ihres Lebens im Kloster von S. Apollonia in Rom.

Chancen und Gefahren eines Zwilling-Lebens liegen damit klar vor uns. Verführt von der eigenen Überzeugungskraft, zu immer neuen Bekanntschaften gelockt durch die Leichtigkeit, mit der ein Zwilling sie knüpft, sind diese Menschen im Innersten unbehaust, an die Welt mehr hingegeben als an ein Heim und auch in ihren Beziehungen zu Frauen schwer zu stabilisieren. In ihrer Scheu vor dem Ballast oft kinderlos, nehmen sie zwar gern Anteil am fremden Familienleben oder an der Existenz von Freunden, aber um die eigene Häuslichkeit ist es häufig schlecht bestellt. Frauen hängen an ihnen oft jahrelang mit einer erstaunlichen Ausdauer und bemerkenswerter Bereitschaft, auch Opfer auf sich zu nehmen, so daß man sich als Außenstehender nicht selten fragen muß, worin denn die überwältigende Attraktion solch eines Mannes besteht.

Nun, es ist neben dem Wort und der Weltgewandtheit sehr oft der Sex, für den der Zwilling eine ihm selten bewußte, mitunter gar nicht wichtig scheinende Naturbegabung mitbringt, eine Art multilateraler Sex mit wenig Konstanten, der sich auf das gesamte Gebiet des Liebesspiels und alle Möglichkeiten erstreckt – oder doch nach und nach ausdehnt.

Wesentlich ist für ihn, daß er Zeit hat, daß er und die

Partnerin weder von außen zeitlichen Beschränkungen unterliegen noch sich selbst gehetzt auf ihren Höhepunkt zubewegen. Der Zwilling-Mann ist durchaus imstande, eine Liebesstunde zu verplaudern und dabei vollkommen glücklich zu sein. Er ist ein spielerischer (kein Spieler-) Typus, er vermag den Sex nicht so ungeheuer wichtig zu nehmen und liebt eine heiter-gelöste Grundstimmung bei allem, was geschieht.

Er ist aber durchaus bei der Sache, er durchkostet die Vorspiele, er genießt die Pausen, er liebt es, eine Stimmung in der Schwebe zu halten. Wird es ernst, erweist sich der Zwilling-Mann im allgemeinen als guter und aufmerksamer Liebhaber. Eine trockene Muschi ist ihm so unangenehm wie allen anderen Männern, erst nach längerer Ehedauer verliert sie ihre frustrierende Wirkung. Beim ersten Ritt noch ein wenig abgelenkt, verspritzt er seine Erregung mitunter zu früh, kommt aber schnell auf Touren und macht im Verlauf des Abends alles wieder gut.

Er ist kein Besessener mit ausgeprägten Vorlieben, die seine Beweglichkeit einschränken würden, sondern paßt sich, auch wenn er noch nicht allzuviel Erfahrung hat, mit erstaunlichem Schwung der jeweiligen Partnerin an. Das geschieht nicht so sehr aus einer besonderen Begabung im eigentlichen Sex, sondern ist ein Ergebnis seiner beneidenswerten Lockerheit. Immer ein wenig über dem Vorgang stehend, hat er keine sonderliche Schwierigkeit zu erkennen, wonach seine Spielgefährtin verlangt oder was der Augenblick erfordert.

Wenn es eine ausgesprochene sexuelle Neigung beim Zwilling gibt, dann ist es die uralte Aufspaltung des Interesses, wie schon im platonischen Gleichnis der Mensch in eine weibliche und eine männliche Hälfte gespalten wird, die seither durch die Welt irren und einander suchen. So weit

*Indische Liebesszene am Sonnentempel Konarak,* ▶
*11.–12. Jahrhundert*

geht der moderne Zwilling natürlich nicht mehr, aber ich glaube, daß jeder Zwilling-Geborene, wenn er ganz ehrlich zu sich selbst ist, seine Frau oder seine Geliebte verdoppeln möchte oder aber, wenn er beides schon hat, Frau *und* Geliebte zusammenzuspannen wünscht. Er ist der geborene Partner für ein Sex-Trio, auch Triole oder Dreier genannt, aber nicht, weil er besonders ausschweifend ist, sondern weil seine Neigungen sich oft ganz ehrlich und eingestandenermaßen auf zwei Frauen verteilen. Naiv, ja kindlich-zufrieden, würde er die beiden mit seiner Liebe umfangen und vermag nicht zu begreifen, warum sie das nicht ebenso goutieren wie er. Weist man ihn zurecht, macht man ihm eine Szene, so wird man ihn verständnislos finden, ja kopf-schüttelnd: er habe doch nichts Böses gewollt. Und er ist tatsächlich nicht aus seiner Natur herausgetreten, er hat nur getan, wonach es ihn seit den ersten Anfängen seines Sexuallebens verlangte, als er eine nette Schulfreundin noch neben seine Mutter hielt, hin und her blickte und die beiden am liebsten miteinander verschmolzen hätte.

Nur in der schlechten Bestrahlung führt diese Tendenz zu ernsthaften Problemen. Zwillinge mit Skorpion-Aszendenten oder mit starken Uranus-Einwirkungen geben ihr Heim allzuleicht auf, werfen sich jeder sich bietenden Sex-Alternative in die Arme und sehen kein Unrecht ein. Ihre Suada dient ihnen nun dazu, sich immer wieder reinzuwaschen und im Gegenzug sogar Nörgeleien aufzutischen (Zwilling mit Aszendenten Steinbock oder Jungfrau). Zwillinge dieser Art sind zwar nicht ausgesprochen stur (das liegt ihnen nun einmal nicht), aber es braucht viel Geduld und eine feste Hand, um aus ihnen doch noch passable Ehemänner zu machen. Es ist in solchen Fällen wichtig, ihnen ein paar kleine, wenn auch nicht ganz harmlose Laster zu belassen, um sie im wesentlichen auf die Familie einzuschwören; ideale Partner aber geben Zwillinge aus ungünstigen Konstellationen nie ab.

# Eine Frau mit vielen Gesichtern

Zu den überraschendsten, aber am besten gesicherten Tatsachen der Astrologie gehört die Einsicht, daß Männer und Frauen des gleichen Tierkreiszeichens oft Unterschiede aufweisen, die man nicht vermuten würde. Das kommt vor allem daher, daß Eigenschaften, die uns beim Mann stören oder irritieren, einer Frau recht gut anstehen oder doch widerspruchslos in Kauf genommen werden, weil die Welt sich daran gewöhnt hat, daß Frauen unberechenbarer sind als Männer.

Eine dieser typisch unergründlichen, immer wieder neuen Frauen wird im Tierkreis vor allem vom Zeichen der Zwillinge in die Welt geschickt. Man muß, beschäftigt man sich mit der Zwilling-Frau, immer an jene nette, wenn auch ein wenig naive Geschichte des Franzosen Marcel Aymé denken, in der sich eine Frau, die mit ihren Aufgaben nicht zurechtkam, zunächst ein zweites Ich wünschte und es auch bekam, bis schließlich eine kleine Serie, nach ihrem Bild geformt, herumlief und Haushalt, Geschäft, Gesellschaft und Hobbys bewältigte. Das ist, novellistisch komprimiert, das Lebensproblem der Zwilling-Frau, und da sie sich in Wirklichkeit ja nicht vervielfältigen, je nicht einmal verdoppeln kann, bleibt es notwendigerweise ungelöst.

Vergegenwärtigen wir uns zunächst kurz, ehe wir zum

Menschlichen und auch zum Allzumenschlichen kommen, die astrologischen Voraussetzungen. Der Zwilling ist eines der Luftzeichen, für den Mann eine bedenkliche Grundtatsache, für die Frau sehr oft, wenn nicht beinahe stets, ein Vorzug oder doch eine Chance. Der planetarische Herrscher des Zeichens ist Merkur, der unruhigste und meistgeschmähte Gott des Olymp, der göttliche Gauner, der bei jeder Intrige seine Hand mit im Spiel hat und es sich und seinen Freunden stets richtet, wie man sagt. Er ist immer zur Stelle, wenn man es nie vermutet, und sieht dadurch mehr, als den anderen lieb ist.

Als Glückstag der Zwilling-Frau gilt der Mittwoch, als ihre Glückszahl die Ziffer 2 und als ihr Glücksstein der Beryll, aber auch blaßgelbliche oder grauschimmernde Aquamarine können getragen werden, denn der Beryll ist schließlich nichts anderes als ein Aquamarinchrysolith. Das Mercurium, zu deutsch Quecksilber, ist ein Metall, mit dem Frauen wenig zu tun haben und das mehr für den männlichen Zwilling Bedeutung erlangt, als Symbol seiner Unbeständigkeit und Veränderungssucht!

Wenn wir jetzt noch erfahren, daß die der Zwilling-Frau zugeordnete Blume das Maiglöckchen ist und die kritische Region ihres Körpers Brust und Lunge, dann ist das eine oder andere Indiz für diese reizvolle Ausgabe der Frau schon gewonnen, und wir können weitergehen zu einigen typischen Zwilling-Frauen aus unserem Gesichtskreis. Sie geben uns einen gewissen Anschauungsunterricht, ohne daß wir natürlich die im nachfolgenden detaillierten Eigenschaften und Neigungen allesamt bei ihnen finden werden: der individuelle Spielraum ist vor allem beim Tierkreiszeichen der Zwillinge außerordentlich groß.

Sehr aufschlußreiche Zwilling-Schicksale, auf die wir zum Teil in der Besprechung der Paare noch zurückkommen werden, hatten etwa die große Queen, also Victoria I. von England, eine Frau, die aus großer Liebe und tiefem privaten Schmerz herausfand zu großer staatsmännischer Leistung, oder auch die Herzogin von Windsor, die ein Leben zwischen Thron und Ächtung, zwischen Ehre und Unehre, zwischen Metropolen und Exilen führte. Bleiben wir in diesen Kreisen, so finden wir noch Fabiola, Königin von Belgien, eine Zwilling-Frau der zweiten Dekade, die aus ihrem heimatlichen Spanien nie wirklich entrinnen und in ihrer neuen Heimat Belgien seelisch nie voll Fuß zu fassen vermochte. Blicken wir ein wenig in die Vergangenheit zurück, so finden wir an weiteren Zwilling-Damen mit ähnlichen Schwierigkeiten, nämlich in Ehe und hohe Ämter hineinzuwachsen, noch Marie Prinzessin von Waldeck (geboren am 23. Mai 1857), erste Gemahlin Königin Wilhelms II. von Württemberg, und Joséphine Beauharnais, an der Zwilling-Krebs-Grenze des Jahres 1763 geboren, die aus der eleganten Demimonde der Revolution zur Kaiserin aufstieg, aber schon nach wenigen Jahren des Glanzes verstoßen wurde.

Die große Instabilität steht also über diesen Schicksalen und naturgemäß auch über den Charakteren, denn wer vermöchte schon Charakter und Schicksal zu trennen, unseren eigenen Anteil an dem herauszulösen, was auf uns zukommt? Zu viele Aufstiege und Stürze sammeln sich unter diesem Zeichen, von Anastasia, der Zarentochter, die den Gewehren der Bolschewiki entrann, bis zu Bertha von Suttner, der geborenen Gräfin Kinsky, die als Geliebte des Dynamitkönigs Alfred Nobel dem großen Mann an ihrer Seite den Gedanken des Friedensnobelpreises eingab, um den Fluch der Sprengstoffe zu egalisieren. Oder in unserer Welt die schnellen und tragisch abgebrochenen Karrieren einer Marylin Monroe und — *toutes proportions gardées* – einer Ingrid van Bergen, einer Lilli Palmer (geboren am 24. Mai 1914), die zu einem Zeitpunkt, da andere zufrieden ins Rentenalter überwechseln, eine umstrittene neue Karriere als Schriftstellerin startet, oder auch der Fliegerin Elly Beinhorn mit dem einzigartigen Auf und Ab ihres für eine Frau doch höchst ungewöhnlichen Lebens zwischen den politischen Systemen und kriegerischen Ereignissen.

Die Zwilling-Frau hat es also nicht leicht, sie ist eine der

*Zwilling Marilyn Monroe im Film »Machen wir's in Liebe«*

meistgeprüften Frauen des Tierkreises, nur auf die Dulde-
rinnen an der Wassermann/Steinbock-Grenze oder auf
manche Krebs-Frau kommt noch mehr zu. Aber, im Unterschied zu diesen Leidenskolleginnen ist die Zwilling-Frau
hervorragend ausgestattet, die Prüfungen des Lebens zu
bestehen. Das Luftzeichen gibt Leichtigkeit, Wendigkeit,

Einfallsreichtum, Findigkeit und Verwandlungsfähigkeit, und Merkur stattet die Seinen in der Regel mit guter Intelligenz aus. Gesellen sich noch Aszendenten im Zeichen der Jungfrau, der Waage oder des Löwen hinzu, so ist unsere Zwilling-Frau allem gewachsen – ja mit einem Skorpion-Aszendenten wird sie beinahe sogar zu einer Gefahr für die anderen . . .

Zwei Dinge sind für den Aufbau ihres Lebens-Erfolgs wichtig. Das eine ist die innere Stabilisierung, denn sie neigt zum berühmten Schwanken zwischen himmelhoch jauchzend und zu Tode betrübt. Da können – wenn nicht ohnedies ein Stier-Aszendent für Ausgleich sorgt – nur frühe Selbsterkenntnis und Selbsterziehung helfen und natürlich eine geeignete Gattenwahl. Das andere ist beinahe ebenso schwierig: die Konzentration auf eine Aufgabe. Denn die Zwilling-Frau tendiert wesenhaft und gleichsam gezwungenermaßen dazu, ihre Kräfte zu zersplittern. Sie ist die Hausfrau, die nie mit ihrer Leistung zufrieden ist, sondern mindestens halbtags etwas dazuverdienen will. Sie ist die Mutter, die aus Kameraderie mit dem Sohn lernt und dann, wenn er studiert, auf einmal entdeckt, daß sie so vieles versäumt hat und eigentlich auch ein paar Fächer belegen sollte. Fällt ihr gar nichts anderes ein, beginnt sie nach einer Woche Arbeit, wenn sie am Samstagmorgen ihr Heim mit neuen Augen sieht, auf einmal umzustellen und findet alljährlich mindestens zweimal völlig neue Positionen für ihre Möbel als billigste Form der Befriedigung ihrer Abwechslungssucht. Wer dieses Temperament näher kennenlernen will, braucht nichts anderes zu tun, als die Romane der Françoise Sagan zu lesen, vor allem die ersten, in denen sie mit einer gewissen Ausschließlichkeit von sich selbst spricht: Die bemerkenswerte Frau, eine der erfolgreichsten Romanschriftstellerinnen unserer Zeit, wurde unter dem Namen Françoise Quoirez am 21. Mai 1935 geboren, auf den Tag genau dreißig Jahre nach Jean-Paul Sartre (über ihn und Simone de Beauvoir vgl. den Steinbock-Band).

Frauen sieht man oft nicht an, was sie alles auf sich haben. Die gewandte und aktive Zwilling-Frau trägt ein Leben lang doppelte und dreifache Aufgaben, und was dabei zuerst verschlissen wird, ist ihr Nervenkleid. Meist schlank, biegsam und zäh – man denke nur an Lilli Palmer oder auch an Joséphine Baker -, lassen sie nach außen noch lange nicht erkennen, wie es um sie steht, bis dann plötzlich die Spannung zu stark, die Belastung unerträglich wird und die

*Josephine Baker – Revuetänzerin und Sängerin – in einem ihrer berühmten Kostüme*

Explosion erfolgt (Ingrid van Bergen, aber auch Nancy Sinatra und nicht zuletzt die schlagkräftige Eva Bartok können als flankierende Zwilling-Damen-Beispiele dienen).

Weniger spektakulär, aber darum nicht seltener sind heimliche Zusammenbrüche und langanhaltende Depressionen von Zwilling-Frauen, die ihre Grenzen nicht erkannten oder die keine Möglichkeit hatten, in ihrem Berufsleben einen vernünftigen Kräftehaushalt zu beobachten (Marylin Monroe, Margit Saad oder auch, sehr deutlich, Judy Garland, die in den Jahren 1941/43, als sie Gewichtsprobleme hatte, durch Abmagerungskuren Stimme und Nerven gefährdete und sich jahrelanger psychiatrischer Behandlung unterziehen mußte).

Nach dieser Abgrenzung der Gefahren nun aber zu den positiven Seiten, und an denen mangelt es bei der Lady aus dem Tierkreiszeichen der Zwillinge beileibe nicht. Sie ist eine eminent weibliche Erscheinung, denn alles, was ihre typischen Eigenschaften ausmacht, verbindet die Volksmeinung mit dem Erscheinungsbild der modernen Frau. Sie kann blitzschnell die Schürze abbinden, kurz vor den Spiegel treten und nach einem Griff ins Haar den Minister empfangen, den ihr Widder-Gatte ihr erst im letzten Augenblick angekündigt hat. Sie gibt nie die Betriebsnudel ab, dazu ist sie zu souverän und käme sich auch blöd vor. Aber wenn bei einem Betriebsausflug die Herren die ganze Gesellschaft listig zu einem Badesee führen, dann wird die Zwilling-Frau hohnlächelnd einen Badeanzug aus dem Handtäschchen ziehen, während die Stier-Fräuleins errötend um ein paar Taschentücher bitten.

Bei einer Frau, die in allen Sätteln gerecht ist, ergibt sich naturgemäß die Frage nach den moralischen Selbstbeschränkungen, die sie sich auferlegt. Damit steht es nun nicht zum besten. Sie ist eben ein Luftwesen, Leichtigkeit ist ihr Lebenselement, was immer sie beschwert, einengt, beschränkt, lehnt sie ab. Françoise Sagan hatte einen lebensgefährdenden Autounfall, weil sie sich einbildete, ihren schweren Wagen barfuß fahren zu können und von Marylin Monroe weiß man, daß sie zu Hause stundenlang – wenn nicht tagelang keinen Faden Kleidung auf dem Leib duldete. Zweifellos war ihr unklar, warum das so sein mußte; zweifellos trug auch das Showgeschäft eine gewisse Mitschuld, weil eben die ganze Welt und im besonderen Amerika seit Jahren nach ihrem schönen Körper verrückt war. Der Haupt-Zwang war jedoch die strenge Hollywood-Zensur ihrer Zeit: Marylin durfte sich immer nur stückweise zeigen in Kleidern, die zwar durch ihre Enge und den raffinierten Schnitt die Männer verrückt machten, die aber ihre Trägerin naturgemäß besonders reizen mußten, sich von ihnen zu trennen. Hätte sie heute filmen können, etwa mit Lasse Braun oder mit Jess Franko, sie wäre gewiß nicht in diesen Konflikt geraten.

Zwänge aus dem Herkömmlichen liebt sie also nicht, die Zwilling-Frau; was die Steinbock-Lady als Gesetz anerkennt, wird für die Jüngerin des Merkur nur zur Herausforderung, und wenn es nicht häufiger zu Konflikten à la Monroe kommt, so darum, weil die Zwilling-Frau eben so außerordentlich geschickt und elastisch ist und Konfrontationen mit der ihr eigenen Eleganz zu vermeiden weiß. Sie müßte schon jahrelang unter besonderem privaten Streß stehen, wenn ihr diese Fähigkeiten abhanden kommen sollten, und sie hat natürlich auch, für sich ganz persönlich, gewisse Techniken entwickelt, die zur Selbstberuhigung führen, und sei es nur stundenlanges Stricken in einem Eisenbahnabteil, das ihr lange Reisen erträglicher macht.

Am besten lernen wir die Dame mit den vielen Gesichtern wohl kennen, wenn wir sie durch ihren Tag begleiten. Der beginnt relativ früh, denn sie hat keine Trägheit zu überwinden, sie ist flink aus dem Bett und mit Morgensex ist bei ihr nicht viel zu wollen. Ein zärtlicher, aber schneller Kuß ist alles, was dem Mann bewilligt wird, denn der Tag ruft, und die Tätigkeiten locken diese Aktiv-Frau geradezu aus dem Haus. Der Herr Gemahl muß sich damit begnügen, daß sie in der Eile wenig Wert auf vollständige Bekleidung legt, daß er also da einen Po und dort einen Schenkel erspähen kann, aber höchstens eine zerstreute Zärtlichkeit abbekommt und beim Frühstück allenfalls eine Bemerkung über die Tageseinteilung.

Einen Vormittag beim Friseur gibt es für Madame Z. nicht, es sei denn, sie ist wirklich reich. In allen übrigen Fällen, ja selbst wenn sie's nicht nötig hätte, wird sie sich zumindest eine Halbtagsbeschäftigung suchen, meist etwas, das sie geistig anregt. In einer Galerie, einer Bibliothek auszuhelfen, würde ihr liegen, allenfalls auch eine Modezeitschrift, eine Sprachenschule oder eine Beschäftigung als Dolmetscherin. Alles Vermittelnde liegt ja den Merkurgeschöpfen besonders, und in Heiratsbüros sollen Zwilling-Damen schon wahre Wunder vollbracht haben.

Mittags gibt es ein *Déjeuner sur le Pouce,* das heißt einen Imbiß. Sie liegt da beinahe auf einer maskulinen Linie, aber sie bevorzugt selbst für eine kurze und kleine Mahlzeit eine gepflegte Umgebung. Das heißt: Self-Service gibt es nur ausnahmsweise, *Wienerwald* oder *MacDonald* scheiden ebenso aus; die kleinen Lokale, die netten Cafés, die mittags auch ein warmes Menü servieren, das ist ihr Stil.

Zum Kaffee ist die Zwilling-Frau stets verabredet. Sie ist enorm kommunikativ, ihre Freundinnen sind Legion, und was sie jeder von ihnen auf die schnelle an Informationen vermittelt, das würde, vom Band abgeschrieben, viele, viele Seiten füllen. Danach heißt es dann flink sein. Sie hat zwar dem Ehemann beigebracht, daß der Haushalt sie nicht fasziniert, und wenn irgend möglich, wird sie für eine Hilfe gesorgt haben, die ihr diese lähmende Beschäftigung abnimmt. Aber im allgemeinen wird es doch so sein, daß sie spätestens um vier Uhr nachmittags huschhusch die Wohnung macht, und wenn sie sich eben erschöpft in den Fauteuil geworfen und die Morgenzeitung zur Hand genommen hat, dann dreht sich der Schlüssel im Schloß, und der Gatte kommt nach Hause.

Was sich fortan begibt, hängt weitgehend von seinem Sternzeichen ab, und wir haben die ganze Palette darum am

Ende dieses Bandes zum speziellen Gebrauch für die Zwilling-Frau zusammengestellt. Was ihr am angenehmsten wäre, was ihr am meisten liegt, läßt sich jedoch durchaus schon sagen:

Endlich mit ihrem Mann in einer gewissen Gelöstheit vereint, will sie nicht nur erfahren, was sich auf seiner Seite begeben hat (denn sie ist neugierig), sondern vor allem auch loswerden, was sie erlebt hat. Schließlich ist man doch verheiratet. Im allgemeinen lassen sich die Ehemänner von Zwilling-Damen dies recht gutwillig gefallen, erstens, weil sie nun schon wissen, daß dies die Natur ihrer Holden verlangt, zum andern aber, weil eine muntere, anteilnehmende Frau etwas durchaus Positives ist. Die Zwilling-Frau ist kein dumpf-gleichgültiges Geschöpf, das man erst aus seiner Lethargie wecken muß; ihre rundum wache Neugierde hat ihren Horizont erweitert und bringt sie dazu, selbst jene Sachverhalte aus der Tätigkeit des Mannes kennenlernen zu wollen, die eigentlich außerhalb ihres Interessenbereiches liegen. Man darf sie dann nicht kurz abfertigen. Zwillingsfrauen sind empfindlich, ja feinnervig. Sie sind überzeugt, ein Recht auf Information zu haben, und sie sehen in der geistigen Verbindung mit dem Mann und seiner Tätigkeit das Wesentliche einer Ehe. Und da bei ihnen soviel durch den Kopf läuft, würden selbst der Sex und das intimere Einverständnis gefährdet, käme zwischen der Welt des Mannes und jener der Frau überhaupt keine Verbindung zustande.

Nach dem Abendessen wird es kritisch, weil die Zwillingsfrau findet, Monsieur sollte mit in die Küche kommen und helfen, sie habe das gleiche Recht, den Anfang des Fernsehprogramms zu sehen wie er. Dazu kommen dann noch die Diskussionen darüber, was angesehen wird, und es ist ein ausgesprochener Glücksfall, wenn die hellwache und interessierte Zwilling-Frau zufällig dasselbe Programm einschalten will wie der müde und nur noch für schlichteste Unterhaltung zugängliche Gatte. Interessiert sie sein Programm nicht, ohne daß es eine Alternative gäbe, muß der Herr

*Maillol – Die Liebenden*

Gemahl sich einer abendlichen Gesprächsstunde stellen: Eine Zwillingsfrau will unterhalten werden, man darf sie nicht links liegen lassen.

In diesem Fall ist die gnädigste Lösung noch, früh zu Bett zu gehen. Die Aktivistin mit den vielen Interessen entspannt sich sofort, kaum daß sie im Bett liegt, und da sie ja nicht auf den Kopf gefallen ist, weiß sie auch, was ihr jetzt bevorsteht.

Madame Z. gilt in der Liebe wie im eigentlichen Sex als etwas unberechenbare, aber im Grunde angenehme Partnerein. Sie ist nicht träge, sie macht mit und ist sogar interessiert, aus dem Akt das Beste zu machen, nur liebt sie es nicht, wenn die Initiative ihr zufällt. Körperlich meist eher zart, aber mit einer hübschen Brust ausgestattet, bewegt sie sich unbefangen und mit Grazie, und vor allem junge Frauen dieses Tierkreiszeichens sind ganz reizend in den Monaten, in denen sie mehr für sich als für ihn den ganzen weiten Bereich des Geschlechts entdecken.

Es ist in dieser Phase wichtig, sie nicht durch Abartiges zu schockieren. Sie wollen ihren eigenen Weg finden, und sie haben darin früher oder später nicht nur Erfolg, sondern gelangen durchaus zu eigenen Lösungen. Eine Zwilling-Frau zu zwingen, sie auf gewisse Techniken und Kniffe einzuschwören, hat nicht nur wenig Sinn, es beraubt die Ehe, es läßt die schönsten Erlebnisse verkümmern oder gar nicht erst entstehen. Geschickt, originell und bemüht, wie die Zwilling-Frau im allgemeinen ist, kann man sich darauf verlassen, daß sie bei guter Gesamtstimmung und eigener Muße von sich aus die entzückendsten Beiträge zum Liebesspiel liefert. Darin wird man stets ein gutes Zeichen erblicken dürfen, denn solche Aktivitäten von ihrer Seite beweisen, daß der geistige Kontakt auch beim Sex weiterbesteht. Und diese Brücke (das ist einer der wichtigsten Grundsätze im Umgang mit der Zwilling-Frau) ist ihr stets unentbehrlich.

Hat man den Eindruck, der Faden ist gerissen und die kleine Frau sitzt ein wenig hilflos in den Winkeln ihres Ehelebens herum, dann helfen schnell ein wenig Zärtlichkeit und das aus ihr fließende entspannte Gespräch. Man sollte sie etwa auf den Schoß nehmen, man kann sie im Bett an sich ziehen, das Licht löschen und fragen, ob sie nicht nun, im Dunkel, ihr Herz ausschütten wolle. Oft wird zutage kommen, daß man irgendein kleines Fest vergessen hat, welches sie feiern wollte, denn das ist ihre Leidenschaft. Es ist auch eine besondere Fähigkeit der Zwilling-Damen: Sie können selbst ohne besonderen Anlaß sogleich eine festlich-gemütliche Atmosphäre im Heim schaffen, sie inszenieren ja gern, bei ihnen ist immer etwas los. Aus einem Nichts von Gelegenheit machen sie einen unvergeßlichen Nachmittag, und das ist einer der wichtigsten ihrer Vorzüge, denn eben jene Miniaturfestivitäten halten die Familie zusammen und schaffen gemeinsame Erinnerungen.

Nach soviel guten Eigenschaften sprechen wir beinahe ungern und lediglich, um der Pflicht zu genügen, von jener schlecht bestrahlten Zwilling-Frau, die es eigentlich gar nicht geben müßte (denn sie hat von ihrem Tierkreiszeichen doch so viele Möglichkeiten mitbekommen), die es aber eben doch gibt.

Bei ihr verändert sich das geistige Interesse zu ausgesprochener Arroganz, und die Hinwendung zur Außenwelt, das sonst so positiv zu wertende Anteilnehmen, führt zur völligen Mißachtung der häuslichen Atmosphäre, der Familie und im besonderen des Gatten. Da sie meist wendiger als er ist, da sie schnell denkt und handelt, wird er ihr in seiner männlichen Bedachtsamkeit als Idiot erscheinen und sich als solcher behandelt sehen, und sehr bald wird sie ihm eben darum auch Hörner aufsetzen. An die Stelle der nachmittäglichen Damenkränzchen treten bei ihr die Rendezvous mit Freunden, und der Mann, der nur *einen* Nebenbuhler hat, kann noch von Glück sagen.

Mit so einer Frau fertigzuwerden, ist nur dem harten Typ möglich, denn die Zwilling-Frau ist zwar zäh, aber nicht sehr mutig. Die Unterwerfung muß dort beginnen, wo sie es mag, also im Bett. Sie ist weitgehend wehrlos gegen Zärtlichkeiten, weil diese sie in Schwung bringen und weil sie, wenn sie einmal feucht ist, genau so wenig Widerstandskraft hat wie andere Frauen. Alle Experten der Sexual-Astrologie stimmen darin überein, daß von einem bestimmten Augenblick an die Zwilling-Frau nur noch aus erogenen Zonen besteht, das heißt, daß sie am ganzen Körper enflammiert ist und sich dem Mann praktisch nicht mehr entziehen kann. Das zu wissen, ist wichtig und führt dazu, daß sie dem Mann, der diese Generalerotisierung kundig und zärtlich zu nützen weiß, auch ihr Gefühl zuwenden muß. Von ihm sexuell abhängig, wird sie bereit sein, gegen die Risiken

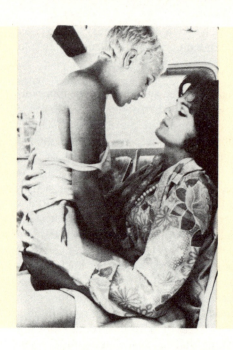

*Die Zwilling-Frau –
nicht selten
beiden Geschlechtern
hold*

anzukämpfen, die ihre Charakterschwächen für die Ehe mit sich bringen.

Pathologische Tendenzen im Sex der Zwilling-Frau sind gewisse Neigungen zum eigenen Geschlecht, die jedoch oft spielerisch bleiben und dem Mann, solange er die Sache nicht dramatisiert, im Grunde nichts wegnehmen. Im Gegenteil: Die an sich feinnervige Zwilling-Geborene wird, von einer verständnisvollen Freundin sensibilisiert, zum herrlichsten Instrument auch im Liebesspiel mit dem Mann. Bedenklicher ist eine gewisse Selbstverlorenheit, eine zerstreute Mißachtung der Umgebung, wie sie die Zwilling-Frau vor allem dann erfaßt, wenn die Ehe seit Monaten schlecht ist und keine befriedigenden Kontakte zu Freundinnen bestehen. Sie neigt dann dazu, sich dem Gatten zu entziehen und zu masturbieren, aus Verachtung für ihre Umwelt gelegentlich auch dann, wenn er es sehen kann.

# Die Große Attraktion

In diesem Kapitel behandeln wir – ähnlich wie in den anderen elf Bänden des *Liebeshoroskops* – die Verbindungen, die in der ewigen Statistik der Astrologie als besonders günstig hervorgetreten sind. Natürlich gibt es diese Statistik nicht dergestalt, daß man in irgendeinem ehrwürdigen Palast Vorderasiens oder Ägyptens ungeheure Archive aufbewahrt, die bis in die chaldäische Frühblüte der Astrologie zurückreichen. Aber es ist ein astrologisches Wissen vorhanden, das sich seit etwa siebentausend Jahren immer weiter vererbt und in den Lehrbüchern unserer Wissenschaft niedergeschlagen hat, das ständig erweitert und kommentiert wird und einen ewigen Vorrat von Erfahrungen und auf ihnen basierenden Ratschlägen darstellt.

Die Attraktion, das ist eine gleichsam aus sich selbst wirkende Anziehung, eine unerklärliche Sympathie zunächst, eine sich schnell vertiefende Aufmerksamkeit für den anderen. Sie ist die von Anfang an vorhandene Ahnung, daß diese Verbindung nicht alltäglich sein werde.

Jeder von uns hat dergleichen schon erlebt, aber nur die wenigsten geben sich davon Rechenschaft, daß in diesem Aufglimmen der Neigung und in ihrer schnellen Entwicklung zur Leidenschaft einer der stärksten Beweise für die Sterneinflüsse zu suchen ist. Denn wir wissen ja in jenem ersten Augenblick noch viel zu wenig von dem anderen oder der anderen, um unsere Vernunft einschalten zu können. Wir sehen und empfinden auch noch zu schwach, um unsere Gefühle durch diese Eindrücke hinreichend speisen und anregen zu können. Und dennoch wird in uns etwas wach, was beinahe schon den Charakter einer Überzeugung, einer Gewißheit hat – wie anders soll sich dies erklären lassen, als eben durch siderische Einflüsse, durch ein geheimnisvolles Schema der Beglückung und der glückhaften Zusammengehörigkeiten, das sich Jahrtausende vor dieser Begegnung gebildet hat und das seine Kraft auch in uns beweist.

Für diese Attraktionen sind nicht nur die Tierkreiszeichen maßgebend, in denen die Sonne bei unserer Geburt stand, sondern auch der Aszendent, also die Beziehung zwischen Geburtsstunde und Sternenhimmel, das Zeichen des Aufgangs. Es kann ein Wassermann mit dem Widder-Aszendenten ganz ähnlich reagieren wie ein Widder selbst, und so mancher Steinbock mit dem Stier-Aszendenten hat sich stierähnlicher gebärdet als die Maigeborenen der letzten Stier-Dekade, bei denen schon die Zwillinge hereinwirken. Sicher aber ist, daß es geheimnisvolle und eben darum besonders beglückende Anziehungskräfte zwischen den Menschen gibt. Sie wirken im Kleinen, im Alltag, und sie schaffen Begegnungen, denen man noch stundenlang nachsinnt, obwohl nichts Besonderes gesprochen wurde, und sie wirken im Großen, wenn es um das Zusammenführen zweier Menschen geht, in der Regel also um einen Mann und eine Frau (aber auch schicksalhafte Männerfreundschaften, die nicht homoerotisch akzentuiert zu sein brauchen, fallen oft in den Bereich der Großen Attraktion).


## MAXIMILIAN I. JOSEPH

Unsere Mischung aus Geschichte und Gegenwart können wir diesmal mit einem bayrischen Fürsten beginnen, mit Maximilian I. Joseph, einem außerordentlich typischen Zwilling, dem ersten König im Bayernland.

Als dem Pfalzgrafen Friedrich Michael von Birkenfeld-Zweibrücken und seiner Frau Maria Franziska Dorothea am 27. Mai 1756 abermals ein Sohn geboren wurde, sah es ganz und gar nicht danach aus, als würde diesem nachgeborenen Sohn eines selbst nachgeborenen Prinzen jemals ein Thron zuteil. Auch mit seinen Eltern hatte der Prinz nicht viel Glück. Sein Vater kommandierte im Siebenjährigen Krieg die Reichstruppen, jene Kontingente, die – zum Teil höchst widerwillig – von den deutschen Staaten aufgebracht worden waren, weil Friedrich II. von Preußen durch seinen Einfall in Sachsen einen Landfriedensbruch begangen hatte. Zum Teil aus protestantischen Ländern stammend, hatten diese zusammengewürfelten und schlecht ausgerüsteten Truppen absolut keine Lust, gegen Preußen – die Vormacht des Protestantismus – zu kämpfen und für Österreich sozusagen die Kastanien aus dem Feuer zu holen. Allerdings zeigte sich schon nach den ersten Schlachten, daß vom Kämpfen keine Rede sein konnte. Sie rannten wie die Hasen davon, und ihr erster Befehlshaber, der Marschall von Hildburghausen, verzichtete nur zu gern auf dieses Kommando. Auch der Herzog von Zweibrücken konnte sich in den folgenden Kriegsjahren nicht mit Ruhm bedecken.

In seiner langen Abwesenheit beschäftigte sich seine Gemahlin keineswegs nur mit der Erziehung, sondern auch mit der Vermehrung der Kinderschar: Maria Franziska, Tochter des Pfalzgrafen von Sulzbach, brachte ein Kind zur Welt, das keinesfalls vom Herrn Reichsmarschall stammen konnte, der fern an der Elbe Krieg führte, sondern einen gutaussehenden Schauspieler zum Vater hatte. Die Herzogin, eine quicklebendige Zwilling-Frau der dritten Dekade, wurde daraufhin vom Hofe verstoßen, und der kleine Maximilian Joseph wuchs praktisch ohne Vater und Mutter auf, ein Zustand, der sich nach dem Ende des Siebenjährigen Krieges nur kurzzeitig änderte: sein Vater, ein mächtiger und eindrucksvoller Mann, überlebte den Friedensschluß lediglich um wenige Jahre und starb 1767.

Der junge Prinz hat zunächst keine Chancen. Sein älterer Bruder rückt zur Herrschaft in Zweibrücken auf (solche Herzogtümer gab es damals, und sie gebärdeten sich als souveräne Staaten, auch wenn sie nur ein paar Städtchen und Dörfer umfaßten). Maximilian Joseph bekommt wenigstens sein Regiment – das geht sehr schnell bei Herren aus herzoglichen Familien. Es ist das französische Eliteregiment *Royal Alsace,* in Straßburg stationiert. Straßburg ist wesentlich unterhaltsamer als das Leben in der Pfalz, und es folgen Jahre, die für Bayern entscheidend werden: Maximilian Joseph, der elternlose Prinz, fühlt sich an der Spitze seines Regiments und in der lebenslustigen, von Kultur überquellenden alten Rheinstadt so außerordentlich wohl, daß er diesen glücklichsten Jahren seines Lebens immer treu bleiben wird – als Verbündeter Kaiser Napoelons gegen Frankreichs härteste Gegner Österreich und Rußland.

Es konnte kaum ein tieferes Dilemma geben, es war eine politische Situation, wie geschaffen für einen Zwilling: Seit 1799 herrschte Maximilian Joseph über die Pfalz und Bayern (sein älterer Bruder war gestorben, und Herzog Karl Theodor hatte keine eheliche Nachkommenschaft hinterlassen). Seit 1. Januar 1806 war das treu zu Frankreich stehende Bayern Königreich, durch kleinere Herrschaften arrondiert und durch Tirol vergrößert, das die Bayern freilich nicht halten konnten. Gegen einen gut bestrahlten Schütze-Mann wie Andreas Hofer hatte der liebenswürdige, in seinen Neigungen jedoch heillos zersplitterte Zwilling-Monarch von der Isar keine wirkliche Chance.

Indes wurden seine persönlichen Gaben beinahe vorbildlich, was die Traditionen der neueren Wittelsbacher-Herrschaft betrifft, und auch die ausgezeichnete Ehe, die er mit der im Zeichen des Widders geborenen Prinzessin Auguste Wilhelmine von Hessen-Darmstadt führte, gehört hierher, eine Ehe, aus der Bayerns kunstsinnigster König, nämlich Ludwig I., hervorging.

◄ *Zwilling Maximilian I. Joseph*

Maximilian Joseph führte bis zu seiner Ehe ein typisches Zwilling-Dasein, das ihn allseits beliebt machte, weil er die Gabe der Natürlichkeit und der herzlichen Kontakte besaß, aber es fehlte auch nicht an Affären mit dem anderen Geschlecht; dazu waren die Elsässerinnen zu gut ausgestattet. Mit der Ehe, den Kindern und der Erreichung der Herrschaft über ganz Bayern kam Ernst über den Zwilling der ersten Dekade, seine Leutseligkeit blieb ihm jedoch erhalten.

Dieser mit seinem Volk selbst für einen Wittelsbacher besonders eng verbundene Fürst ist dennoch unter den deutschen Herrschern jener Zeit besonders viel geschmäht worden, seiner Allianz mit Napoleon wegen. Er hatte das Erwachen der Deutschen verschlafen, für ihn war ein Bündnis mit Frankreich noch nicht undenkbar. Er hatte zwei mächtige Gegner: Österreich jenseits der Grenzen und die Kirche im eigenen Land, der er ihren übermäßigen Reichtum ein wenig beschnitten hatte. Gegen beide schien ihm das revolutionäre und danach kaiserliche Frankreich eine zumutbare Hilfe zu sein, und so stand er schließlich zwar als König, aber doch verfemt gegen jene deutschen Staaten, die sich zusammengeschlossen hatten, um den großen Korsen zu besiegen. Dreißigtausend bayrische Soldaten, die für Napoleon in Rußland blieben, waren ebenso nutzlose Opfer dieser rückständigen Politik wie die Bayern und Tiroler, die am Berg Isel und bei anderen Schlachten jener Zeit ihr Leben lassen mußten.

## NAPOLEON UND JOSEPHINE BEAUHARNAIS

Die lockere Hand beim Geldausgeben, eine sehr typische Zwilling-Eigenschaft, begegnet uns noch deutlicher als bei Maximilian I. Joseph bei einer attraktiven Zwilling-Frau: Joséphine Beauharnais, späterer Kaiserin der Franzosen, geboren am 3. Juni 1763 auf der Insel Martinique.

Joséphine und der Löwe-Geborene Napoleon I., am 15. August 1768 oder 1769 geboren, bilden ein Paar jener großen Attraktion, wie sie nach den Erfahrungen der Astrologie zwischen diesen beiden Sternzeichen sehr häufig wirksam wird. Napoleons sehr interessantes Horoskop (Mond im Saturnzeichen Steinbock, Aszendent Waage) wird uns im Löwe-Band beschäftigen, seine erste Ehe aber ist ein außerordentlich typischer Fall für die Wirkung starker astrologischer Attraktionskräfte selbst dort, wo konkrete Interessen entgegenstehen.

Die Frauen von den Inseln, wie die Franzosen ihre Besitzungen in der Karibik nannten, stehen schon immer im Ruf, besonders anziehend zu sein. Joséphine, eine geborene Tascher de la Pagérie, entstammte kleinem Adel, verlebte

*Napoleon gibt Josephine seinen Entschluß, sich von ihr zu trennen, bekannt*

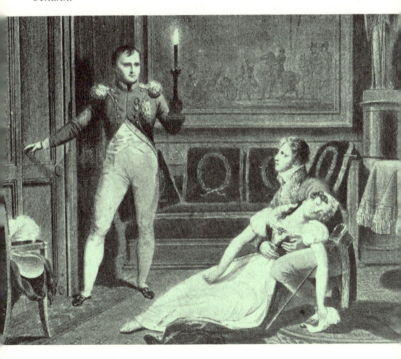

aber auf einer der schönsten Besitzungen der Insel Martinique eine Jugend in herrschaftlicher Freizügigkeit, zumal ihr Vater als Hafenkapitän eine wichtige Persönlichkeit war. Mit fünfzehn ging Joséphine nach Paris und heiratete dort den ebenfalls aus Martinique stammenden Vicomte de Beauharnais, dem sie achtzehnjährig einen Sohn Eugen und bald darauf jene Tochter Hortense gebar, die dereinst die Mutter des zweiten Franzosenkaisers, Napoleons III., werden sollte.

Der Vicomte de Beauharnais schloß sich der Revolution an, führte ein Korps der Revolutionsarmeen, wurde dann aber für eine Niederlage vor Mainz verantwortlich gemacht, was nach der Schnelljustiz jener Zeit seine Hinrichtung zur Folge hatte. Die leichtlebige Schöne tröstete sich über den Verlust des Gatten in den Armen des Revolutionärs Barras. Im Salon der strahlenden, geistvollen Witwe kamen damals, zwischen 1794 und 1796, alle Persönlichkeiten zusammen, die in jenen unsicheren Zeiten Karriere machen oder einem der Mächtigen zum eigenen Vorteil schmeicheln wollten, wobei kaum einer erkannte, daß die Clique mit ihren schönen Reden und Intrigen keine Erfolgsaussichten hatte. Längst sprachen an allen Fronten Frankreichs die Waffen, und der tüchtigste General der Revolution, der kleine Korse Buonaparte, war der Mann der Stunde.

Mit dem Spürsinn der Zwilling-Frau erkannte Joséphine dies, obwohl der junge General, bettelarm und schäbig gekleidet, linkisch und darum besonders arrogant, in ihrem Salon eher eine komische Figur abgab. Daß er von ihr angezogen wurde, ist kein Wunder: Ein Löwe hat gegen eine Zwilling-Frau im allgemeinen keine Reserven, er verfällt ihr oft sogar hemmungslos. Sie hingegen gehorchte der geheimeren Sprache der Gestirne, die ihr den kometenhaften Aufstieg an der Seite des wortkargen Generals verhießen.

Nach der Eheschließung mit dem Korsen im März 1796 überstürzten sich für Joséphine die Ereignisse, und sie, die eigentlich nur die weiblichen Waffen beherrschte, begann Fehler zu machen. Die erste Liebesnacht mit Napoleon scheiterte an ihrer Vorliebe für Schoßhunde: Der General, vom Kampf um die Nacht erschöpft, kam spät nach Hause und benötigte eine schiere Ewigkeit, bis der erlösende Orgasmus nahte. Joséphine, die den Korsen geduldig auf sich herumwerken ließ, war als Frau von Erfahrung darum besorgt, dem schwierigen und unberechenbaren Offizier tatsächlich zu seiner Entladung zu verhelfen. Der kleine Hund hingegen war eifersüchtig, kläffte neben dem Bett, lenkte Napoleon ab und biß ihn schließlich wütend in eine nackte Zehe. Der General schrie auf, Joséphine nahm den Schrei als das Signal für den erfolgten Orgasmus, bewegte sich noch ein paarmal willig und rollte sich dann zur Seite, Napoleon aber war noch gar nicht soweit und schleuderte den kleinen, kläffenden Liebling seiner Frau wütend in eine Ecke des Schlafgemachs.

Natürlich blieb dies eine einmalige Panne. Napoleon war in Joséphine bald ernsthaft verliebt und bewies nicht nur ihren ungeheuren Ausgaben gegenüber Nachsicht, sondern auch hinsichtlich der Eifersucht, mit der sie ihn – nicht ganz unberechtigt – verfolgte. Auf seinen italienischen Feldzügen hatte er ziemlich aufsehenerregende Amouren, und die Szenen, die Joséphine ihm darob machte, hätte niemand als sie einem Napoleon zuzumuten gewagt.

Der Briefwechsel zwischen den beiden ungleichen Liebenden ist außerordentlich reizvoll, sagt er doch über den späteren Herrn Europas mehr aus als alle seine offiziellen Berichte und Proklamationen; in keiner anderen Beziehung wird uns der Mensch Napoleon so deutlich wie gegenüber dieser merkwürdig schillernden, immer ein wenig intriganten, nie völlig ihm gehörenden Frau, eben einer ungemein typischen Zwilling-Geborenen:

Zu Gourgaud auf St. Helena über Joséphine:
Sie behandelte mich ausgezeichnet, setzte sich neben mich, neckte mich; sie war eine reizende Frau, aber intrigant. Ich lud sie dann zum Diner, mit Barras. Schließlich kam es dahin, daß wir uns verliebten. Als Barras mir riet, sie

zu heiraten, leistete er mir einen Dienst; sie gehöre zur Gesellschaft sowohl des alten wie des neuen Regimes, meinte er, das würde mir Rückhalt geben, den Korsen zu verwischen, mich ganz zu französieren, da ihr Salon der beste von Paris sei. Und ich wollte durchaus Franzose sein. Von allen Schimpfnamen, mit denen man mich damals belegte, verletzte mich der des »Korsen« am heftigsten.

An Frau von Beauharnais.
(Paris), morgens 7 Uhr. (Ende 1795.)

Ich erwache ganz erfüllt von Dir. Dein Bild und der berauschende Abend von gestern haben meinen Sinnen keine Ruhe gelassen. Süße, unvergleichliche Joséphine, welch seltsamen Eindruck machen Sie auf mein Herz? Sind Sie böse, traurig oder besorgt, so ist meine Seele vor Schmerz gebrochen, und es gibt keine Ruhe für Ihren Freund. Steht es denn aber anders mit mir, wenn ich mich dem tiefen Gefühl, das mich beherrscht, überlasse und auf Ihren Lippen, an Ihrem Herzen die Flamme trinke, die mich verzehrt? Ach! In dieser Nacht habe ich wohl gefühlt, daß ich mit Ihrem Bildnis nicht Sie selbst habe!

Du brichst mittags auf; in drei Stunden sehe ich Dich. Einstweilen, mio dolce amor, tausend Küsse; aber erwidere sie nicht, denn sie bringen mein Blut in Wallung.

Joséphine hatte Napoleons dynastischen Pläne stets bekämpft, weil sie sich als kluge Frau denken konnte, daß er dann eine deutsche Prinzessin heiraten würde, daß sie somit nicht nur überflüssig, sondern sogar hinderlich wäre. Und dieser gewiß große Mann, der allen legitimen Monarchen so unendlich überlegen war, was Verstand und Tatkraft betraf, wollte tatsächlich nicht auf die lächerliche Legitimität verzichten, wie sie sich durch simple Heirat mit irgendeinem degenerierten Pflänzchen erschleichen ließ.

So war also Joséphine am 2. Dezember 1804 gekrönt worden und mußte es nach langem Kampf hinnehmen, daß am 16. Dezember 1809 die offizielle Trennung der Ehe ausgesprochen wurde, damit der Kaiser der Franzosen eine österreichische Erzherzogin heiraten konnte.

Joséphine erlitt nun das häufige Zwilling-Schicksal, zwischen den Sphären zu leben. In Paris selbst war sie nicht mehr tragbar, ihre Hofhaltung im Palais de Luxembourg mußte aufgelöst werden, und die schöne Frau, die den Titel einer Kaiserin behalten durfte, ging nach Malmaison, einem Schloß am linken Seine-Ufer. Ihr blieben nur noch wenige Jahre, und sie starb im Mai 1814, erlebte also noch die Niederlagen in Rußland und die Völkerschlacht von Leipzig, nicht aber Napoleons endgültige Abdankung nach Waterloo und seine Verschiffung auf die Insel Sankt Helena.

## ALFRED NOBEL UND BERTA VON SUTTNER

Die dritte der dem Zwilling als günstig angezeigten Verbindungen ist – nach Widder und Löwe – jene mit Menschen aus dem Tierkreiszeichen der Waage. Das ausgleichende Naturell des Waage-Geborenen glättet die beim Zwilling oft allzu hohen Wogen des Gefühls und gibt dem Leben ruhigeren Verlauf. Umgekehrt aber bringt der Zwilling ein wenig Brio in die Existenz des Waage-Menschen, der sehr oft dazu neigt, sich gehen zu lassen, aber auch zur Kontemplation und zur Selbstversenkung bis hin zur Melancholie.

Solch eine Waage-Natur am Rand zum Skorpion, durch gewisse Umstände seelisch besonders gefährdet und an der Schwelle des Alters vereinsamt, war der Chemiker Alfred Nobel, geboren am 21. Oktober 1833, jüngerer Bruder eines bereits bekannten und vermögenden Großindustriellen. Die Brüder Nobel waren während der übereilten russischen Industrialisierung zu bedeutendem Vermögen gelangt. Alfred Nobels Verfahren zur Petroleumverwertung gestatteten erst die wirtschaftliche Nutzung der großen Erdölvorkommen auf der Kaukasus-Landenge. Auf ein etwas seltsames Inserat Alfreds, aufgegeben, als er das hatte, was man heute Midlife Crisis nennt, meldete sich eine junge österreichische Gräfin aus einem verarmten Familienzweig der ausgebreiteten Sippe der Kinsky, die am 9. Juni 1843 geborene Berta Felicie, spätere Freifrau von Suttner.

Schon das erste Treffen in Paris, das mit dem strengen Ritual des vergangenen Jahrhunderts vor sich ging, um die hochadelige, aber arme Dame nicht zu kompromittieren, ließ eine Seelenfreundschaft zwischen dem millionenschweren Dynamit-Erfinder und der intelligenten, zartbesaiteten Comtesse entstehen. Berta blieb zwar nur kurz Nobels Privatsekretärin (die auch häusliche Pflichten wahrzunehmen hatte), aber die Verbindung riß ein Leben lang nicht mehr ab. Nobel half, als Berta gegen den Willen der reichen freiherrlichen Familie Suttner den jungen Baron Gundaccar heiratete und mit ihm vor den Suttners nach Tiflis (!) floh. Er brachte mit seiner Korrespondenz, seiner materiellen Hilfe und seinen Gedanken eine gewisse Stabilität in das abenteuerliche Zwilling-Schicksal, das eine Gräfin Kinsky bis an die Grenzen Asiens geführt hatte. Dem Einfluß der Berta, nunmehrigen Freifrau von Suttner, war es zu danken, daß Alfred Nobel aus seinem ungeheuren Vermögen nicht weniger als 35 Millionen Goldfranken zu einer Stiftung bestimmte, aus deren Erträgen die fünf Nobelpreise verliehen werden sollten, und es war naturgemäß Berta von Suttner, die 1905 für ihr großes Buch *Die Waffen nieder* den ersten Friedensnobelpreis erhielt.

## PETER DE MENDELSSOHN UND HILDE SPIEL

Nicht der Erste, sondern der Zweite Weltkrieg wurde die große Bewährungsprobe einer anderen Zwilling-Waage-Verbindung, der Ehe zwischen Peter de Mendelssohn, geboren am 1. Juni 1908 in München, und Hilde Spiel, am 19. Oktober 1911 in Wien geboren. Daß Mendelssohn sich gelegentlich des Pseudonyms Leuchtenberg bediente, nach dem Herzogtum, das König Maximilian I. Joseph von Bayern dem Sohn der Zwillings-Kaiserin Joséphine zugeeignet hatte, ist gewiß nur ein Zufall, zeigt uns aber, wie klein auch die astrologischen Welten werden können in dem

*Waage-Mann Alfred Nobel, Chemiker und Industrieller,*
*war der ideale Partner für die*
*im Zeichen des Zwillings geborene Berta von Suttner*

Augenblick, da sich das alte Europa um einige Zentren zu gruppieren beginnt.

Mendelssohn entstammte einer Familie, die in viele europäische Länder ausgeschwärmt war und in der alle Sprachen gesprochen wurden; und als er als kleines Kind mit den Eltern von München nach Hellerau bei Dresden übersiedelte, kam das einer ersten Emigration gleich. Aus dem bayerischen Wurzelgrund, der bis heute soviel Fremdes zu assimilieren versteht, gelangte er in die artifizielle Gemeinschaft einer Künstler- und Kunsthandwerkerkolonie, gegen die

65

selbst Greenwich Village traulich-eng und kleinbürgerlich wirken müßte.

»Aus Hellerau strahlte der Ruhm von Paul Claudel und Francis Jammes. Am 5. Oktober 1913 wurde Claudels *Verkündigung* mit Mary Dietrich zum erstenmal im Festspielhaus in Hellerau aufgeführt. Ich war fünf Jahre alt . . . aber ich erinnere mich gut eines großen Herrn mit Bart und kurios verzwicktem Blick, der an unserem Gartentor vorbeiging und interessiert zu uns Kindern auf dem Rasen hereinschaute. Mein Vater sagte, das sei Herr Bernard Shaw aus England und wir brauchten uns nicht vor ihm zu fürchten. Andere Herren kamen zu uns in den Garten, und wir gaben ihnen die Hand; sie hießen Rilke, Kafka, Werfel, Willy Haas und so weiter. Erst zehn Jahre später begann ich zu begreifen, was ich da(mals) erlebt hatte: die Einheit Europas«.

Knapp dreißig Jahre alt, mußte Meldelssohn sich angesichts der Münchner Konferenz vom Oktober 1938 eingestehen, daß zumindest der Kontinent Europa vor Hitler nicht zu retten sei, aber zu England hatten die jungen Eheleute Zutrauen und wagten es sogar, unter Hitlers großem Blitz, wie die Bombenoffensiven gegen London genannt wurden, Kinder in die Welt zu setzen. »Einmal, in den Bombennächten, stürzte das halbe Haus über dem Kinderbett meiner Tochter zusammen, und sie blieb inmitten der Trümmer unversehrt. Hilft einem das Schicksal nur, wenn man es herausfordert, wenn man Ansprüche an es stellt?«

Das ist eine Überlegung, wie sie uns an einem Zwilling-Mann dieses Bildungsgrades und dieser Weltkenntnis nicht überrascht, und es ist eine Frage, die sich zu der inneren Heimatlosigkeit fügt, wie sie die Zwilling-Natur als ihr entsprechend nicht ungern hinnimmt, ja ein Leben lang trägt und erträgt. Hilde Spiel ist ins heimatliche Österreich zurückgekehrt, Peter de Mendelssohn lebt wieder in München, das er als Zweijähriger verließ. Aber während sie, die Waage-Frau, wieder tief in die Heimat eintauchte und die Vergangenheit der Kaiserstadt heraufbeschwor mit der gro-

*Waage-Frau*
*Hilde Spiel*

ßen Biographie der Fanny von Arnstein, glauben wir dem Zwillings-Mann de Mendelssohn, wenn er am Ende eines Aufsatzes sagt: »Der Freund, mit dem ich reiste, fragte, ob ich auf Malta leben möchte. Ich erwiderte: Ja, mein letztes Lebensjahr, nur das. Das aber in Mdina. Dort wüßte ich, am Ende meiner Tage, wer ich bin.«

## MARILYN MONROE UND ARTHUR MILLER

Der heute vermutlich berühmteste weibliche Zwilling lebt nicht mehr, aber der Ruhm dieser merkwürdigen Frau ist nach dem Tod keineswegs verblaßt, im Gegenteil – sie ist heute mehr als ein Star, sie ist eine Kultfigur: Marilyn Monroe, geboren am 1. Juni 1926 als Norma Jean Mortenson in Los Angeles. Selbst Autoren, die von Astrologie herzlich wenig halten, setzen die Berichte über diese Schauspielerin unter den Titel *Zwei Seelen in der Brust,* und die

Meinungen über sie gehen selbst bei Fachleuten diametral auseinander. Eben diese Widersprüche und Rätsel sind es, die auch heute, achtzehn Jahre nach ihrem Tod, die Diskussion nicht verstummen lassen.

Was uns neben ihrer sehr typischen Persönlichkeit beschäftigt, ist ihre letzte Ehe mit dem Schriftsteller Arthur Miller, geboren am 17. Oktober 1915 im Zeichen der Waage, das für die Zwillinge so oft als Zuflucht dient.

Wer Marilyns Vater war, ist bis heute nicht sicher: jener Mr. Mortenson, den ihre Mutter im Augenblick einer amtlichen Anfrage als Vater benannte, war bereits tot und konnte zu der Behauptung nicht mehr Stellung nehmen. Marilyns Mutter aber war, als das Mädchen geboren wurde, unverheiratet, hieß Baker und verbrachte während Marilyns Kindheit ein gut Teil ihres Lebens in psychiatrischen Kliniken und Heilanstalten.

Es läßt sich kaum ein schwierigerer Start vorstellen. Das Kind wurde herumgestoßen, wuchs bald hier, bald dort auf, wurde in der Vorpubertät vergewaltigt und lebte seit ihrem elften Jahr mit einem Freund ihrer Mutter. Daß sie aus dieser Misere schon mit sechzehn ausbrach und eine Zufallsehe schloß, ist nicht verwunderlich. Die Ehe, in der keiner dem anderen etwas zu sagen hatte, wurde ein Mißerfolg und führte zu einem ersten, allerdings halbherzig unternommenen Selbstmordversuch. 1944 entdeckte sie ein Armeephotograph, und ihre ersten Posen errangen einen gewissen Erfolg in den Spinden der GIs. Der Weg zum Filmruhm zog sich aber lange hin, mit winzigen Rollen, von denen das meiste nachträglich wieder herausgeschnitten wurde. In den ersten Nachkriegsjahren war sie zeitweise völlig arbeitslos, hungerte und ließ sich schließlich für Aktfotos anheuern. Das berühmte Bild, nach heutigen Begriffen ohnedies durchaus dezent, erschien im Kalender der Herrenzeitschrift *Esquire*, brachte ihr fünfzig Dollar Honorar ein, dem Kalender aber einen Reingewinn von 750 000 Dollar. Nun begann der Aufstieg, aber auch er war skandalumwittert, denn Sexkalender waren verfemt, und daß die Mutter in einem Asyl für Geisteskranke saß, bot den unbarmherzigen Klatschkolumnistinnen von Hollywood naturgemäß besonders interessanten Stoff.

1950, 1951 und 1952 sind die Jahre, in denen Marilyn zum Sexidol wurde, in denen die Mädchen sie kopierten und auf Büstenhalter verzichteten, während die Männer sich um ihre Bilder rissen. Ihr Gesang, ihr Blick, ihre Haartracht wurden Mode, und ihr Film *Das verflixte siebente Jahr* – mit dem berühmten Shot über dem U-Bahn Luftschacht und dem hochwirbelnden Rock – brachte den vollen Durchbruch auch auf der Leinwand. Eine Neunmonat-Ehe mit dem Baseballstar Joe di Maggio jedoch läßt erkennen, daß sie selbst sich noch immer für ein armes Dummchen hielt und das Heil von einer breiten Männerbrust erwartete.

Der erste Regisseur, der entschlossen auf ihr Talent setzte, war Joshua Logan *(»She has the makings of a great comedienne«),* der ihr in *Bus Stop* die anspruchsvollste Rolle ihrer kurzen Karriere gab. Von den zwei großen Wiener Regisseuren Otto Preminger und Billy Wilder bezeichnete der erste sie als ein Nichts mit Brustwarzen, während Wilder ihre komödiantische Begabung erkannte und ihren größten Erfolg schuf: *Manche mögen's heiß.* Zwei Bonmots von Wilder (an der Zwilling-Krebs-Grenze 1906 geboren) sind mit Marilyns schicksalhafter und endlich verhängnisvoller Unpünktlichkeit in die Filmgeschichte eingegangen: »Früher ging's noch: hatte man sie für Montag bestellt, so konnte man damit rechnen, daß sie am Donnerstag ins Atelier kam, heute bestellen wir sie für Mai, und sie kommt im September«. Ebenso komisch-verzweifelt klang sein Ausruf: »Ich habe in Wien eine charmante alte Tante, sie würde auch auf die Minute pünktlich zum Drehbeginn erscheinen; leider aber will niemand diese Tante sehen, sondern jeder die unpünktliche Monroe«.

1956 heiratete Marilyn nach vorherigem Übertritt zur mosaischen Religion den Schriftsteller Arthur Miller, der für sein Schauspiel *Tod eines Handlungsreisenden* den berühmten Pulitzer-Preis erhalten hatte.

*Marilyn Monroe und Arthur Miller während einer Drehpause zum Film »Nicht Gesellschaftsfähig«, zu dem A. Miller das Drehbuch schrieb*

Nach der Ehe mit dem Baseballstar nun eine mit einem Eierkopf! Amerika war außer sich, und die Klatschkolumnisten sprachen in jener Verkürzung, die Amerika so liebt, von einer Verbindung zwischen *Brain and Body,* zwischen Verstand und Körper. Daß ein Arthur Miller, ein Mann, der neben seinen Stücken auch den tiefen, ja grüblerischen Roman *Focus* geschrieben hatte, eine reine Sex-Verbindung niemals zur Ehe erhoben hätte, fiel niemandem ein.

Freilich wissen wir heute, daß eine Ehe mit Marilyn eine unlösbare Aufgabe war, denn wenn schon die Regisseure über die Disziplinlosigkeit, die innere und äußere Schlamperei der blonden Schönen stöhnten, wie sollte erst ein Mann wie Miller mit ihr leben! Es war eine Phase, in der die astrologische Attraktion ganz stark auf Marilyn zu wirken begann, denn es waren gleich zwei Waage-Männer, denen sie sich innerlich näherte: Miller, geboren am 17. Oktober 1915, und Yves Montand, geboren am 13. Oktober 1921, ihr Partner in *Let's make love (Machen wir's in Liebe)*.

Doch es ging eine ganze Weile gut zwischen der Zwilling-Frau, der nach schweren Zeiten der Erfolg deutlich zu Kopf gestiegen war, und dem intellektuellen Juden, der zweifellos ein großer Dichter genannt werden muß. Marilyn führte mit ihm die mit Abstand längste Ehe ihres Lebens, und daß dies möglich war, ist eigentlich schon das erstaunlichste Faktum. Es läßt sich gar nicht anders erklären als durch die Wirksamkeit der großen Attraktion. Erst im Verlauf der Jahre zermürbte ihre ungebärdige Natur diese astrologisch abgesegnete Gemeinsamkeit.

Es war, als habe mit dem Film *The Misfits* das Schicksal bereits an die Pforte geklopft. Clark Gable, zu dem sich Marilyn stark hingezogen fühlte, weil der Wassermann (geboren am 1. Februar) ja ausgezeichnet zu ihr gepaßt hätte, starb kurz nach Drehschluß, und die durch die Filmarbeit nur äußerlich zusammengehaltene Ehe mit Arthur Miller erhielt durch die Querelen um Marilyns Rolle und um die Regieführung von der Berufsarbeit her den Todesstoß. Vielleicht stimmt es auch, daß sie ein Tagebuch zu Gesicht bekam, das Miller heimlich über seine Ehe führte.

Und dann kamen die großen Freundschaften. Marilyns Haushälterin Lena Pepitone erzählt: »Sie lernte die Kennedys viel besser auf den Partys kennen, die Peter Lawford veranstaltete. Frank Sinatra und seine Freunde wie Lawford, Dean Martin und Sammy Davis Jr. waren in Hollywood und Umgebung als das ›Rattenpack‹ bekannt. Sie hatten sehr aktiv bei den Wahlvorbereitungen für John Kennedy mitgewirkt, und Kennedy seinerseits war ein enger Freund von ihnen. Den Kennedys schien die Filmwelt zu gefallen, und ihr Standort in Hollywood war das Haus ihres

Schwagers Peter Lawford. Die Lawfords waren auch die einzigen, die Marilyn in Hollywood jemals besuchte.

Marilyn sprach viel mehr über John Kennedy als über Bobby. In ihren Augen sah er weder wie ein Präsident aus noch benahm er sich wie einer. Jedenfalls nicht in Marilyns Nähe. Er erzählte ihr ständig schmutzige Witze und kniff sie in den Hintern, berichtete sie. ›Der reinste Quälgeist!‹ lachte sie liebevoll. Sie erzählte mir, daß Präsident Kennedy immer seine Hand auf ihren Oberschenkel legte. Bei einem

*Marilyn Monroe mit Clark Gable im Film*
*»Nicht Gesellschaftsfähig«*

Abendessen ließ er seine Hand unter dem Tisch ein wenig weiter hinaufgleiten. Doch als er entdeckte, daß sie kein Höschen anhatte, zog er seine Hand zurück und wurde rot. ›Er hatte nicht damit gerechnet, daß er so weit kommen würde‹, grinste Marilyn.

Marilyn konnte nie ganz verstehen, warum der Präsident bei seinem Sinn für Spaß und Humor Jacqueline Bouvier geheiratet hatte, die Marilyn als ›Statue‹ bezeichnete. ›Ich wette, er schiebt seine Hand nicht unter ihr Kleid‹, lächelte sie. ›Ich wette, das tut überhaupt niemand. Gott, ist sie steif!‹ Marilyn glaubte, daß Präsident Kennedy Jacqueline wahrscheinlich deshalb geheiratet hatte, ›weil ihre Familien sie dazu zwangen‹. Auf diese Weise heirateten die reichen Ivy League-Burschen an der Ostküste, nahm sie an. ›Sie tun mir leid. In einer Ehe eingesperrt, die keiner von beiden mag, wetten? Ich weiß, daß er nicht verliebt ist. Nicht in sie. Na ja, vielleicht gefällt's ihr, vielleicht ist es nett, die First Lady zu sein. Ich werd's nie erfahren.‹

Marilyn mag sich mit den Kennedys vielleicht amüsiert haben, aber was eine Romanze anbelangte, so erwähnte sie nie etwas Derartiges.«

Man sieht, wohin sie tendierte, aber niemand wird es ihr übelnehmen. Im Publicity-Rummel von Hollywood mußte sie ja schließlich glauben, daß ihr an Sex-Attraktion keine andere gleichkäme, und zugleich hatte sie es satt, nur als Sexbombe vermarktet zu werden. Wir erleben es in der sehr viel ruhigeren deutschen Filmwelt ganz genauso: Die netten Mädchen, die sich zehn Jahre lang erfolgreich ausgezogen haben, ertragen es eines Tages nicht mehr, daß immer nur ihre Schenkel, ihr Po, ihre Brüste und ihr Schamhaar ausgeleuchtet werden, und wenn nun gar eine echte, wenn auch ein wenig widerborstige Begabung vorhanden ist wie bei dem getretenen Waisenkind Marilyn Monroe, dann muß der Augenblick kommen, wo der Sex-Zirkus nur noch hysterische Reaktionen hervorruft. Das war die zu ihrer Entlassung führende Szene, in der Marilyn einen superengen fleischfarbenen Badeanzug auszieht und sich splitternackt fotografieren läßt, weil sie das Theater mit der Zensur satt hat.

Wir alle kennen das Ende, aber niemand weiß etwas Gewisses, genau wie im Fall ihres liebenswürdigen und zuletzt doch etwas schüchternen Freundes John F. Kennedy. Sein Geburtstag, der 29. Mai, lag zwei Tage vor dem der Marilyn. Schon 1956, also vier Jahre vor seiner Freundschaft mit der blonden Schauspielerin, hatte ihm die amerikanische Astrologin Jean Dixon das Unheil vorausgesagt, das auf ihn zukommen würde: »Der Mann, von dem ich spreche«, hatte sie im Magazin *Parade* geschrieben, »ist Präsident und gehört der Demokratischen Partei an. Seine Wahl findet 1960 statt. Er ist groß, hat blaue Augen und dichtes, braunes Haar. Er stirbt in Ausübung seines Amtes«. Als sich sieben Jahre später diese Voraussage auf erschütternde Weise bewahrheitete, als am 22. November 1963 die tödlichen Schüsse auf Kennedy fielen, war Marilyn Monroe schon nicht mehr am Leben. Am Morgen des 5. August 1961 fand man sie nackt und leblos in ihrem Bett. Sie sei, wie die Polizei später angab, durch die versehentliche Einnahme einer zu hohen Dosis von Barbituraten ums Leben gekommen. In ihrem Magen freilich fand sich keine Spur der vielen Schlaftabletten. Niemand weiß, was wirklich geschah, und so wie bei dem Mythos John F. Kennedy will auch beim Mythos Marilyn niemand an die offizielle Version glauben.


HEIDI BRÜHL UND BELA ERNY

Die vierte Kombination, der die Astrologie den Charakter der großen Attraktion zuschreibt, verbindet den Zwilling mit dem Wassermann. Hier sind es nicht die Gegensätze, die einander anziehen, wie etwa zwischen Zwilling und Löwe oder Zwilling und Waage, hier ist es das Gleichgestimmtsein, die verwandte Beweglichkeit, welche die Anpassung erleichtert, der frische gemeinsame Entschluß, sich über Konventionen hinwegzusetzen und das Leben gemeinschaftlich anzugehen, was immer geschehen mag und schon geschehen ist.

Solch ein Paar haben wir aus der deutschen Gegenwart gewählt, zwei Menschen, die im Showgespräch immer wieder genannt werden: der gutaussehende Schauspieler Bela Erny, am 10. Juni 1942 in Budapest geboren, und die schöne Heidi Brühl, die sich selbst in ihren Memoiren als kühle Blonde bezeichnete (aber für diese postulierte Kühlheit doch entschieden zu großen Wert auf gutaussehende Männer legte!). Während nämlich so manche Blondine ihres Exterieurs schließlich zu Männern von Substanz – in menschlicher wie finanzieller Beziehung – gelangte, tat sich die Wassermann-Frau Heidi Brühl im Lauf ihres Lebens doch immer wieder mit Männern zusammen, die ihre Werte auf der Epidermis spazierentrugen wie Lex Barker, Toni

*Heidi Brühl mit dem Zwilling Bela Erny auf den Bahamas*

Sailer, Brett Halsey und Bela Erny (Michael Pfleghar, der große, originelle Regisseur, ist die Ausnahme, welche die Regel bestätigt).

Obwohl freundliche Heim-und-Welt-Artikel Brett Halsey stets als Hollywoodstar bezeichnen und obwohl auch Bela Erny in zahlreichen Spielfilmen mitgewirkt hat – Ephraim Katz hat keinen der beiden für würdig befunden, in seiner *Film-Encyclopaedia* zu figurieren. Der Star blieb in Wahrheit immer die Wassermann-Frau Heidi Brühl, auch wenn sie ganz richtig bemerkt, daß es zweierlei sei, ob man in Las Vegas oder in Hollywood Karriere mache.

Immerhin ging es mit jedem der beiden schönen Männer fünf Jahre, und das, obwohl Brett Halsey schon zweimal verheiratet gewesen war. Der Zwilling-Mann Bela Erny schien für das vierte Lebensjahrzehnt der energischen und erfolgreichen Wassermann-Frau Heidi Brühl der richtige Partner. Er war für jedes Freizeitprogramm gut, ob es sich um Reiterferien oder um einen stillen Angelurlaub handelte, ob man sich nur einfach irgendwo sonnen wollte oder ob – und auch das war natürlich wichtig – die Liebe im Mittelpunkt stand, die unsere alte Wissenschaft jungen Menschen dieser beiden harmonierenden Tierkreiszeichen so reichlich prophezeit.

# Zwilling-Experimente

Neben der allergünstigsten Verbindung, der sogenannten Großen Attraktion, bieten sich jedem Menschen im Leben viele andere erotische Möglichkeiten. In keinem anderen Bereich unseres Daseins gibt es soviel Selbsttäuschung und soviel entschuldbare Irrtümer wie gerade in der Liebe. Manches, was ungemein anziehend aufflammt, scheint das große Glück zu versprechen und fällt dann doch wieder sehr schnell in sich zusammen; anderes, was zunächst wie ein Strohfeuer aussieht, wird von Tag zu Tag immer besser, bis schließlich beide entdecken, daß man eigentlich beisammen bleiben könnte.

Da es nur zwölf Tierkreiszeichen gibt, aber eine unendliche Vielfalt der Charaktere, hütet sich die ernsthafte Astrologie stets, Abmahnungen und Warnungen auszusprechen, solange nicht ein genaues Horoskop erstellt werden kann. Wir geben darum auch in diesem Kapitel zwar einigen Anschauungsunterricht und hoffen, daß die Beispiele nicht nur aussagekräftig, sondern auch unterhaltsam sind. Den persönlichen Einzelfall aber muß man nach dem Vergleich der Partnerhoroskope entscheiden: Aufgrund der Tierkreiszeichen allein darf man keine Verbindung abbrechen oder gar von ihr abstehen, ohne es versucht zu haben.

# MARKGRAF KARL FRIEDRICH VON BADEN UND LUISE GEYER

Wir beginnen mit einem neunzehnjährigen Zwilling-Fräulein, Hofdame im markgräflichen Baden, bei dem sich überraschend inmitten einer ruhig-idyllischen Entwicklung das große Glück einstellte, und das kam so:

Markgraf Karl Friedrich von Baden, Schütze der ersten Dekade aus dem Geburtsjahrgang 1728, war einer jener Fürsten, von denen die Geschichte nicht allzuviel spricht, weil er das tat, was eigentlich alle tun sollten: Er verstand sich in einem viel wörtlicheren Sinn als sein großer Kollege Friedrich von Preußen als ein Diener seines Volkes, er hob die Leibeigenschaft in Baden-Baden auf, er führte Verbesserungen in der Landwirtschaft ein und wurde durch sein bescheiden-sparsames, aber zielbewußtes und vernünftiges Regieren zu einem echten Landesvater. Die ganz anders geartete Landesmutter starb 1783 oder 1785 ganz plötzlich während eines Aufenthaltes in Paris. Die Erste am Hof war nun die Gemahlin des Erbprinzen, eine sehr energische Zwilling-Dame aus Hessen-Darmstadt, der sich der friedliche Markgraf ganz und gar nicht ausliefern wollte. Und da seine erste Frau einige Jährchen älter gewesen war als er und er sich noch recht rüstig fühlte, begann er als hoher Fünfziger noch einmal Umschau zu halten. Sich noch einmal in das Joch einer hochgeborenen Gemahlin zu begeben, dazu fehlte ihm die Lust; er wußte inzwischen, daß es eine gewisse Spezies der Schütze-Geborenen gibt, die leicht ausgenützt werden, und dieser mußte er sich zurechnen. Wenn er aber eine nicht standesgemäße, also aus dem niederen Adel stammende nette junge Frau an seiner Seite hätte, so wäre alles auf das Beste geregelt: Sie könnte keine Ansprüche stellen, sie dürfte ihn nicht herumkommandieren, und er hätte obendrein etwas Junges im Bett!

Er hielt nun also Ausschau, und vielleicht halfen ihm ein paar Freunde dabei, denn so ganz leicht mochte sich all das nicht finden lassen. Es war denn auch keine Markgräflerin, die ihm seine geheimen Sehnsüchte erfüllte, sondern ein Mädchen aus der aus Österreich stammenden Familie Geiger. Die protestantischen Geiger waren aus Österreich weg nach Thüringen gegangen, hatten dort den Namen Geiger in Geyer verändert, das Prädikat von *Geyersberg* hinzugewonnen – ohne daß man wüßte, durch wen – und galten am Hof des Großherzogs als freiherrlich. Luise Geyer war ein von Gesicht und Gestalt sehr hübsches und frisches Mädchen, und als Karl Friedrich sie entdeckt hatte, schien er es plötzlich auch ungemein eilig zu haben. Er ließ seinen Räten kaum die Zeit, einen Ehevertrag aufzusetzen, der ja vor allem die Thronfolge der Nachkommenschaft zu regeln hatte. Der Fürst war, wie man heute sagen würde, richtig wepsig, das junge, vermutlich gar nicht adelige, aber höchst reizvolle Fräulein hatte es ihm angetan, und so erhielt sie flugs den Rang einer Freiin von Hochberg, und der späte Frühling brach über Karl Friedrich herein.

Doch es kam, wie es kommen mußte: Solange Karl Friedrich noch rüstig war, ging alles gut; er erfreute sich des leckeren Weibchens und hielt sie ihm übrigen so, wie er es sich vorgenommen hatte, also finanziell ziemlich kurz und auch sonst als ein Mädchen, das seine überraschende Standeserhöhung ungefragt als das Glück ihres Lebens hinzunehmen habe.

Luise war gleichwohl heiter und liebenswürdig, selbst die Erbprinzessin, deren Position nun doch ernsthaft gefährdet war, schätzte den Charakter der jungen, zur linken Hand angetrauten Freiin, und es bedurfte der Geburt eines Sohnes am 29. August 1790, um Luise, die für sich selbst ganz zufrieden gewesen war, nun in eine ehrgeizige, für ihren kleinen Jungen um das Erbrecht kämpfende Frau von großer Entschlossenheit zu verwandeln. Unruhige Zeiten brachen an; Napoleon siegte in Süddeutschland, wie er wollte, und die aus kleinen Verhältnissen aufgestiegene Luise warf sich der neuen Zeit in die Arme, einmal, um sich ein gewisses Privatvermögen aus erledigten Kirchengütern zu verschaffen (für die Napoleon ja nicht viel übrighatte), zum andern aber, um im Schatten der Franzosen die inzwischen vermehrte Nachkommenschaft aufzuwerten.

Mit dem knapp bemessenen Taschengeld von 200 Talern monatlich hatte die an Toiletten und Schmuck interessierte schöne junge Frau nicht auskommen können. Diese für ihr Sternbild so typische Unfähigkeit, mit Geld umzugehen, trieb sie einem anderen Schuldenmacher der Familie in die Arme, dem aus der ersten Ehe ihres Gatten stammenden Prinzen Ludwig, fünf Jahre älter als sie, schneidiger Offizier, der aus preußischen und sächsischen Diensten mit nicht weniger als 300 000 Talern Schulden heimgekehrt war – eine Summe, die er seinem sparsamen Vater niemals eingestehen konnte. Zwischen dem Wassermann-Prinzen und der Zwilling-Stiefmutter begann die uns bekannte Große Attraktion zu wirken; die gemeinsamen finanziellen Interessen taten ein übriges, und so wurde 1796 ein letzter kleiner Hochberg geboren, als dessen Vater der inzwischen völlig senile und bald siebzigjährige Großherzog nicht mehr ernsthaft in Frage kam.

## KÖNIGIN VICTORIA UND PRINZ ALBERT VON SACHSEN-COBURG-GOTHA

Für die Verbindung zwischen einer Zwilling-Frau und einem Jungfrau-Mann spricht nicht ganz soviel, wie wenn es sich um einen Waage-Mann handelt. Zwar sind die Jungfrau-Männer sehr oft lebensbejahend und durch ihre starke Intelligenz durchaus fähig, das Temperament der Zwilling-Frau aufzufangen, aber ihr Hang zur Pedanterie widerspricht den stürmischen Gefühlen, die bei einer Zwilling-Frau oft durch die Tatsache des Liebens selbst ausgelöst werden und die mitunter alle Dämme wegreißen.

Dennoch bestand eine der größten Liebesbeziehungen, die sich je in königlichen Kreisen begaben, zwischen einer Zwilling-Königin und einem Jungfrau-Mann, zwischen Königin Victoria, geboren am 24. Mai 1819 (und 1837 auf den Thron gelangt), und Albert von Sachsen-Coburg-Gotha, geboren am 26. August desselben Jahres, also Zwilling der ersten Dekade mit Jungfrau der ersten Dekade bei gleichem Geburtsjahr.

Natürlich fehlte es der jungen Herrscherin des britischen Weltreichs nicht an Bewerbern, denn obwohl man wußte, daß sie Queen würde und daß somit nur die Position eines Prinzgemahls zu besetzen war, so hatten die Umwälzungen in Europa doch gezeigt, daß England zu den Großmächten der Zukunft gehörte. Der Prinz, den Victoria schließlich wählte, war ein Verwandter; er entstammte der Familie ihrer Mutter, und es war eine Wahl, die Victoria nach ihrem Herzen traf. Man muß staunen, mit welcher Entschlossenheit dieses achtzehnjährige Mädchen schon in den ersten Jahren der Regierung ihre Persönlichkeit durchsetzte. Gleich bei ihrer Übersiedlung in den Buckinghampalast bestimmte sie, daß ihre Mutter eine relativ weit entfernte Zimmerflucht erhalten solle, und als man ihr einen Gatten als führende Unterstützung beigeben wollte, wählte sie mit Bedacht einen Vetter, der nicht nur nicht älter war als sie, sondern ein paar Wochen jünger – damit sie das Sagen behalte.

Dennoch lassen die Briefe, die Albert und Victoria während ihrer Verlobungszeit wechselten, deutlich erkennen, daß sie sehr schnell Feuer gefangen hatte, während bei ihm die Jungfrau-Umständlichkeit volles Engagement noch unterdrückte *(Her letters became ecstatic, his were more circumspect)*. Obwohl sie ihn strikt auf die Verwaltung der königlichen Güter beschränkt hatte, gewann er nach und nach doch Einfluß auf ihre Lebensführung. Victoria, die nach Jungmädchenart abends gern lustig gewesen war und danach lange in den Tag hinein geschlafen hatte, fügte sich der neuen Einteilung, früh aufzustehen und die Abendgesellschaften beizeiten zu verlassen. Ein wenig trauerte sie – trotz aller Liebe zu ihrem Prinzen – dem umgänglichen und urbanen Lord Melbourne nach, einem Fische-Geborenen, der zwar vierzig Jahre älter als sie, aber auf die reizendste Weise um ihre Erziehung besorgt war. Er hatte seine Frau

*Königin Victoria und Prinzgemahl Albert auf einem Foto von 1860*

an den Dichter Lord Byron verloren, und die junge Königin nahm – in allen Ehren – den freien Platz in seinem Herzen ein. Albert war von anderer Art, trockener, nicht so weitläufig, ein gutaussehender Deutscher, der die Natur liebte und Victoria mit beträchtlichem Eifer Kinder machte. Dabei scheint sie einiges Vergnügen empfunden zu haben, denn die Verbindung der beiden gestaltete sich immer überzeugender, sein Einfluß nahm in einer für die Briten nicht immer angenehmen Weise zu, und man sprach schließlich von der *Albertine Monarchy,* die in allen Krisen der Jahrhundertmitte zu einer deutlich deutschfreundlichen Politik des Vereinigten Königreichs führte. Ihr persönliches Glück als Ehefrau und Mutter veränderte zusehends die jugendlich-harte Persönlichkeit, die sich mit beachtlichem Verve in die Politik geworfen hatte. Das wichtigste Ergebnis dieser Wandlung war eine gewisse Neutralität der Queen gegenüber den beiden großen Parteien ihres Landes und die Tatsache, daß Albert eine Art Privatsekretär seiner Frau wurde oder, wie er es nannte, *her permanent minister.*

Die britische Aristokratie begegnete dem Prinzgemahl gleichwohl mit gewisser Zurückhaltung. Er war den meisten Herren zu professoral, und wenn er auch gut ritt und schoß, so besaß er doch nicht jene Nonchalance, die der Gentleman noch heute schätzt, ja die zum Wesen des vornehmen Briten überhaupt gehört. Dazu kam, daß seine positiven Einflüsse auf die Königin, den königlichen Haushalt und bald auch auf die Regierung nur einem kleinen Kreis wirklich bekannt werden konnten. Als sich die Baronin Lehzen – die frühere Gouvernante der Königin – 1842 endlich in den Ruhestand nach Hannover begab, bekam Albert die Haushaltsführung in die Hand und konnte die alten Einflüsse auf Victoria weitgehend ausschalten. Als Victorias Vertrauter, Lord Melbourne, mit seiner Regierung scheiterte, kam das Ministerium Peel an die Macht, unter einem Mann, mit dem Albert trotz eines Altersunterschieds von mehr als dreißig Jahren außerordentlich harmonierte – vor allem, weil auch Sir Robert Peel ein überaus glückliches Familienleben führte.

Als Albert am 14. Dezember 1861 einem Typhusfieber mit Lungenaffektionen erlag, hatte er mit seiner deutschen Beharrlichkeit und dem Jungfrau-Sinn für Ordnung, Rechtschaffenheit und Geschäfte nicht nur für England, sondern vor allem für seine Frau eine Menge geleistet. Er hatte sie für ihre große Aufgabe geradezu trainiert, ihr Selbstgefühl gestärkt und ihre geschäftliche Geschicklichkeit verbessert. Er hatte sie glücklich gemacht und den Engländern eine glückliche königliche Familie mit vielen Kindern vor Augen gestellt, was wichtig war, weil vor Victoria (die selbst das Kind eines Viertgeborenen war) eine Reihe von Thronfolgekrisen nur knapp vermieden worden war. Kunstsinnig, wie er war, mit dem Jungfrauen-Penchant für die Musik ausgestattet, hatte er im industriellen neunzehnten Jahrhundert die geistigen Werte wieder in den Vordergrund geschoben; seine Arbeit für das Kensington Museum wurde dadurch geehrt, daß es heute *Victoria and Albert Museum* heißt. Das wichtigste war und blieb aber zweifellos die Stabilisierung der unruhigen und ungeduldigen jungen Zwilling-Frau, aus der durch Albert eine der größten Herrscherinnen aller Zeiten wurde, die Frau, die Englands Großmachtstellung auf einen Höhepunkt führte, den ihr Sohn Edward nicht übertreffen und die späteren Könige Englands nicht mehr halten konnten. Victoria trauerte denn auch tief und ehrlich um ihn, wenn es ihr auch anfangs nicht sehr behagt hatte, aus der eleganten Führung Melbournes in die deutsche Zucht des Jungfrau-Gatten genommen zu werden: Sie hatte inzwischen erkannt, daß man im Zeitalter des Imperialismus, zwischen Napoleon III., Bismarck, Cavour und den zaristischen Expansionsgelüsten, ein Weltreich nicht lenken konnte wie ein Pferd bei der Fuchsjagd.

## LUDWIG XV. UND ANNE DE ROMANS

Wenn der Zwilling im Spiel ist, ergeben sich mit Vorliebe Verbindungen zur linken Hand oder Ehen zwischen Partnern unterschiedlicher Rechte. Albert, obwohl schließlich zum *Prince consort* erhoben, hatte doch zeit seines Lebens keinen gesetzlich garantierten Einfluß auf die britische Politik, und es gibt einen sehr frühen Brief aus der Verlobungszeit, in dem die junge Königin mit ihren Pflichten und ihrer Unentbehrlichkeit bei Hofe ihm gegenüber noch mächtig auftrumpft. Daran hat sich dann allerdings einiges geändert. Aber die Tendenz, aus der Zwilling-Geburt des männlichen oder des weiblichen Partners solche Macht- und Positionsunterschiede abzuleiten, bleibt seltsamerweise durch die Jahrhunderte und die Kontinente die gleiche, sie muß eine Begleiterscheinung des vom unsicheren Merkur beherrschten Tierkreiszeichens sein.

Die Zwillingsfrau Mademoiselle de Romans, getauft am 20. Juni 1737, ist die einzige Geliebte des fünfzehnten Ludwig (Wassermann), von der ein Kind tatsächlich legitimiert wurde und den Namen Bourbon erhielt. Es ging schon bei der Vorgeschichte dieser Verbindung reichlich astrologisch zu, weil Giacomo Casanova, dem in Grenoble das schöne Mädchen aufgefallen war, ihr aus Neugierde das Horoskop gestellt hatte – er fühlte, daß sich um diese stille, zurückhaltende, aber auffallend gutaussehende junge Person etwas Besonderes zusammenbraute, und er wollte sich, seiner Art entsprechend, natürlich auch wichtigmachen. Von ihrer Erscheinung schreibt der Frauenkenner:

»Sie antwortete errötend und schlug dabei die Augen nieder, die beinahe schwarz waren und die schönsten, die ich je gesehen habe. Sie hatte eine sehr weiße Haut, schwarze Haare, auf denen sie nur ganz wenig Puder verteilt hatte, prächtige Zähne und einen königlichen Wuchs. Ihr Lachen, wenn auch ein wenig scheu, machte sie noch reizender.«

Nur über ihr Alter hatte sich Casanova getäuscht, er schätzte sie auf siebzehn, als sie bereits dreiundzwanzig zählte, und das mag auch der Grund gewesen sein, daß die hochanständige Familie aus dem Beamtenadel der Provinz sich auf das Abenteuer einließ, die junge und noch immer ledige Schönheit nach Paris zu schicken. Casanova behauptet zwar, sechs Stunden am Horoskop von Anne Couppier

*König Ludwig XV. von Frankreich*

de Roman(s), wie der Name vollständig lautet, gearbeitet und dabei auch die nötigen Ephemeriden zur Hand gehabt zu haben. Was ihn jedoch eigentlich leitete, war der Wunsch, das keusche Mädchen, das ihm in der Heimatstadt nur ein paar Küsse gestattet hatte, mit nach Paris zu nehmen. Casanova wußte nicht, daß eine ältere Schwester Annes, müde der ärmlichen und tugendhaften Existenz in der Provinz, sich in Paris bereits etabliert hatte, verheiratet war und sogar Beziehungen zu Lebel unterhielt, jenem vertrauten Kammerdiener des galanten Königs, der für seinen Herrn unermüdlich nach Schönheiten Ausschau hielt.

Dennoch war es schließlich Ludwig selbst, der an einem warmen Tag im Tuileriengarten die dort aufgeputzt spazierengeführte Anne Couppier de Romans bemerkte und Lebel aufforderte, herauszubekommen, wer die beiden Damen seien. Angesichts der sonstigen Schläfrigkeit des Königs ist es höchst unterhaltsam zu lesen, wie er sogleich erwachte, wie sein Jagdinstinkt auch das sonst unterbeschäftigte Gehirn in Gang setzte und er seinem Leibkuppler eine ganze Reihe von Überlegungen mitteilte, die diesem die Suche nach der Schönen erleichtern sollten – ein Beweis für die Wirksamkeit der Attraktion zwischen Wassermann und Zwilling, die wir im vorangehenden Kapitel an einem modernen Paar studiert haben.

»Die Familie des Mädchens«, sagte Ludwig zu Lebel, der wenig Chancen sah, »muß in der Nähe der Tuilerien wohnen, also im Faubourg Saint Honoré oder im angrenzenden Teil des Faubourg Saint Germain. Die Leute gehen zu Fuß und haben das Mädchen ganz gewiß nicht durch halb Paris geschleppt, denn der Mann wie die Frau schienen sich sehr des Mädchens anzunehmen. Sie haben nur sehr wenig Geld: das Kleid, das das Mädchen trug, war nagelneu, zweifellos für diesen Tag gemacht, von dem man wußte, daß ich von Versailles nach Paris kommen würde, und das Mädchen wird das Kleid ganz gewiß auch in den nächsten Sommerwochen noch tragen. Da die Tuilerien gewiß ihr bevorzugter Spaziergang sind, brauchen Sie nur an den Sonntagen auf der Lauer zu liegen; halten Sie sich an den Limonadenstand an der Terrasse des Feuillans, junge Leute lieben solches Zeug . . .«

Einen Monat später wußte Lebel, wo die Romans mit ihrer älteren Schwester wohnte, und am 14. Januar 1762, zwei Jahre nach Casanovas Begegnung mit der schönen Grenobloise, wurde in Passy bei Paris ein kleiner Bourbone auf den Namen Louis-Aimé getauft, als Vater war Louis Bourbon eingetragen, ohne irgendeinen Hinweis auf die Tatsache, daß es sich um den König handle. Wie die Zwilling-Dame Luise Geyer blieb auch die Romans eine ganze Weile vernünftig und bei allem persönlichen Stolz materiell gesehen bescheiden. Dann aber, als der Sohn heranwuchs, begann sie Forderungen für ihn zu erheben, vielleicht auch, weil der Junge sich zu einer wahren Schönheit entwickelte und von allen Hofdamen umschmeichelt wurde, vor allem aber von seinen Halbschwestern, den königlichen Prinzessinnen.

Die Quelle für diese Mitteilungen sind die als sehr verläßlich geltenden Memoiren der Madame de Campan, Vorleserin der Töchter Ludwigs XV. und späteren Vertrauten der unglücklichen Marie Antoinette. Als Mutter des einzigen anerkannten Bourbonen, im Besitz königlicher Briefe über diesen Sohn und angesichts der auch in diesem Königshaus durch frühe Prinzentode stets gefährdeten Thronfolge scheint die intelligente und stolze Mätresse aus der Provinz dann den Ehrgeiz entwickelt zu haben, ihren Sohn auf dem Thron zu sehen. Obwohl ihm die kirchliche Laufbahn den Kardinalshut eingebracht hätte, strebte sie die volle Legitimität, die Einreihung unter die Prinzen an mit dem Ergebnis, daß ihr das Kind weggenommen und sie selbst aus Paris verbannt wurde. Sie muß damals viel mitgemacht haben, heiratete dann aus Trotz den Marquis von Cavanac und wandte sich, kaum daß Ludwig XV. gestorben war, unter Vorlage der wichtigsten Dokumente an Ludwig XVI., um ihr Kind zurückzuerhalten. Ludwig XVI. entsprach diesem Wunsch sofort, und die Romans, die offensichtlich eine Gefahr von dem endlich wiedergefundenen Sohn abwenden wollte, ließ ihn sofort weihen: Mit der Tonsur konnte er nicht mehr König werden und stellte keinen Mitbewerber für die vollblütigen Prinzen dar. Gegen Krankheiten vermochte sie bei aller Mutterliebe den jungen Abbé jedoch nicht zu schützen. Er erlag im Februar 1787 in Neapel den Windpocken.


## RAINIER VON MONACO UND GRACE KELLY

Es gibt sehr genaue Genealogen, die behaupten, sowohl im Fall der Luise Geiger-Geyer wie auch in dem der Romans sei eine ganz optimale bürgerliche Familie durch nachträgliche Retuschen in einen zumindest niedrigen Adelsstand erhoben worden, und so wie aus einem Fräulein Geiger eine Freiin von Geyersberg geworden sei, habe man bei Anne Couppier aus dem Zusatz *de Romans* (nach einem Dorf bei Grenoble) den Anschein der adeligen Geburt zu erwecken versucht. Bei einer der berühmtesten und meistbesprochenen Fürstenehen unseres Jahrhunderts machte man sich diese Sorgen nicht mehr: bei der am 15. April 1956 geschlossenen Ehe zwischen Rainier III. Grimaldi, Fürsten von Monaco, und Miss Grace Patricia Kelly.

Wie die beiden, der Fürst und die Schauspielerin, einander kennenlernten, ist heute schon beinahe wieder vergessen. Hitchcock drehte den Film *To Catch a Thief,* der bei uns treffender *Über den Dächern von Nizza* heißt. Cary Grant gab den Gentleman-Einbrecher, und Grace Kelly war die kühle Blonde mit der für Amerika typischen unmöglichen, aber klar denkenden Mutter, die schließlich ihre spröde Tochter an den richtigen Mann bringt.

Hauptakteure und Regie-Team wurden in das Schloß des notwendigerweise publicitysüchtigen Fürsten Rainier eingeladen. Er herrschte noch nicht lange, als der Film 1955 gedreht wurde, er wußte, daß das kleine Fürstentum nicht allzu viele, eben darum aber zahlungskräftige Touristen brauchte, und er war ledig. Was sich auf dem ersten Empfang und späteren gesellschaftlichen Anlässen anspann, war eine echte erotische Beziehung im besten und ehrlichsten Sinn des Wortes. Rainier, am 31. Mai 1923 geboren, war ein Zwilling der ersten Dekade, Grace, am 12. November 1928 in Philadelphia zur Welt gekommen, ein Skorpionmädchen mit ein wenig Schütze-Glamour. Cary Grant, ihr Partner, wurde der aufkeimenden Beziehung nicht gefährlich. Er sah zwar mit seinen langen Beinen und seinen eleganten Bewegungen besser aus als der etwas mediterran-untersetzte Rainier, aber der junge Fürst war ebenfalls sportlich, stets sonnengebräunt, wohlerzogen und sehr gebildet und vor allem – er war beinahe zwanzig Jahre jünger als Cary Grant. Da dieser Herzensbrecher der Leinwand obendrein die schwierige Ehe mit Barbara Hutton damals bereits hinter sich hatte und mit der liebenswürdigen Jungfrau-Actrice Betsy Drake verheiratet war, ging eine Sonne ungetrübten Glücks über der jungen Amerikanerin und ihrem Fürsten auf.

Rainiers Vorfahrenreihe wies schon einmal eine Bürgerliche von großen Gaben auf, eine Frau von originellem Temperament und großem Vermögen: Marie Alice Heine, die Tochter eines Pariser Bankiers. Also bedeutete die Tochter eines amerikanischen Millionärs mit irischem Blut keine Sensation mehr für das Fürstenhaus, vor allem da man in Monaco vornehm tiefstapelte: Rainier besitzt nämlich fünf Herzogstitel, führt aber nur den eines Fürsten von Monaco. Auch daß er den deutsch-elsässischen Titel eines Grafen von Pfirt führen dürfte, weiß heute niemand mehr.

Zwilling und Skorpion gingen also vor aller Welt eine Ehe ein, die in den fünfundzwanzig Jahren seither nur positive Schlagzeilen gemacht hat, dafür aber eigentlich pausenlos im Gespräch blieb. Die Verbindung gilt als schwierig, weil der Skorpion – in diesem Fall der weibliche Teil – bekanntermaßen außerordentlich eifersüchtig ist, ein Zwilling aber schwer an die Kette gelegt werden kann.

Nun, Grace kam aus der Filmwelt, und wenn sie auch persönlich durch Katholizismus und Erziehung zu einer gewissen Strenge neigt, wenn sie trotz ihres Lächelns und aller Leutseligkeit eine Fürstin geworden ist, wie sie im Buch steht, so ist sie doch viel zu selbstbewußt und welterfahren, um ihrem Mann die üblichen Skorpion-Szenen zu machen. Und vor allem: Sie ist viel zu schön, um selbst in einem Mittelmeer-Menschen von gesundem Sexualappetit den Wunsch nach Abwechslung laut werden zu lassen.

Der Fürst absolvierte seine Schulzeit in England und in der Schweiz und studierte danach in Paris Politische Wissenschaften; seither reist er auffallend wenig und gilt als nachdenklich, ja meditativ veranlagt, mit gelegentlichen Ausbrüchen. Er ist also nicht mehr der *Prince charmant*, der in anderen Hauptstädten die Herzen bricht oder gar kleine

*Fürst Rainier und Fürstin Gracia Patricia am 19. 4. 1956 nach der Trauung im Wagen*

Abenteuer mitnimmt, wie einst Leopold II. von Belgien oder Edward, der Sohn der Königin Victoria. Und Rainier hatte auch nicht wenig Sorgen, als Frankreich auf Verhandlungen drängte, um das Steuerparadies an seiner Südgrenze zumindest für Franzosen wirkungslos zu machen. Es gab Ärger wegen einiger jüdischer Firmen, die von Monaco aus, ohne belangt werden zu können, minderwertiges Öl und verfälschte Textilien in Frankreich abgesetzt hatten. Rainier mußte Zugeständnisse machen und durchlebte schwere Jahre, in denen ihm die kluge Amerikanerin ebenso zur Seite stand wie das Wohlwollen amerikanischer Touristen, die *ihre* Grace weiterhin zu sehen wünschten, wenn auch nicht auf der Leinwand.

Inzwischen haben sich die Wogen geglättet. Onassis, zeitweise der ungekrönte Herrscher des ihm so lieben Monaco, ist tot, die letzten Möglichkeiten, das kleine Ländchen mit lukrativen Wohnbauten zu besetzen, sind erschöpft, das berühmte Casino liefert nur noch ein Zwanzigstel der Staatseinnahmen. Für Nicht-Franzosen gibt es nach wie vor beträchtliche steuerliche Vergünstigungen, und in den Wohntürmen über der schönen Bucht haben sich Hunderte, wenn nicht Tausende jener Herren angesiedelt, die es nicht mehr nötig haben, mit den Miniatur-Durchstechereien der dreißiger Jahre, also durch verfälschte Produkte, ihrem Vermögen auf die Beine zu helfen. Johannes Mario Simmel lebt ebenso über den Dächern von Monte Carlo wie Björn Borg mit seiner schönen Rumänin, und das *Hôtel de Paris* oder das *Hermitage* sind nicht nur in den Tagen der Rallye von Monte Carlo oder des Grand Prix, sondern das ganze Jahr hindurch Treffpunkte der großen Welt.

Auch die Sorgen um die Kinder haben Rainier und Grace vermenschlicht. Sie thronen nicht mehr unnahbar in einem der hübschesten und bestgelegenen Schlösser der Welt, sondern sie haben eine Tochter, die studiert und in Diskotheken geht, wie wir auch, und einen Schwiegersohn, der bei Kreditoperationen von der Tatsache ausgehen darf, daß alle Verhandlungspartner das kleine Fürstentum und Monsieur *le Beau Père* kennen. Die flexible Skorpion-Frau Grace geborene Kelly hat diese neuen und zusätzlichen Belastungen offensichtlich besser verkraftet als der regierende Fürst, der sein Land und dessen Verwaltung solvent halten muß, ohne Steuern zu nehmen. Aber Zwillinge haben Fantasie, und sie sind um Auswege nie verlegen. Man darf sicher sein, daß Rainier, der unter anderen den Herzogstitel von Valentinois führt, ein wenig von der Zähigkeit dieses Geschlechts der schönen Frauen und der energischen Feldherren abbekommen hat.


## LILLI PALMER UND CARLOS THOMPSON

An den Fürsten, der sich mit der Filmschönheit verband, schließen wir einen modernen Ritter, der nach vielen edlen Figuren, die er in der Scheinwelt verkörperte, nun auch im

*Lilli Palmer und Carlos Thompson im Film »Zwischen Zeit und Ewigkeit«*

Leben die alten Tugenden wieder zu Ehren bringen möchte: der Schauspieler und Schriftsteller Carlos Thompson, geboren am 7. Juni 1916 in Buenos Aires mit deutschen Vorfahren, die Mundin-Schaffner oder Mundanschaffer hießen. Er hatte seit 1939 verschiedene Liebhaberrollen in argentinischen, danach in amerikanischen Filmen gespielt und 1956 das Fach gewechselt, als er in *Magic Fire* seinen Charakterkopf für den Komponisten und Pianisten Franz Liszt zur

Verfügung stellte. In Deutschland wurde Carlos Thompson sehr populär, doch waren die Filme, denen er dies verdankte, offenbar nicht ganz nach seinem Geschmack *(Das Wirtshaus im Spessart)*, so daß er sich aus den Ateliers zurückzog und zu schreiben begann.

1958 schloß er eine Zwilling-Zwilling-Ehe, und zwar mit der um zwei Jahre älteren Lilli Palmer, Zwilling der ersten Dekade, im 1914 noch deutschen Posen als Lillie Peiser geboren. Sie hatte einen Arzt als Vater, der mit einer österreichischen Schauspielerin verheiratet war, und schaffte ihr Bühnendebüt im Berlin des Jahres 1932, also eben noch vor den Nazis. Die Emigration führte die noch sehr junge Schauspielerin zunächst nach Paris, wo sie leichte Operettenrollen annehmen mußte, und schließlich nach London, wo sie zehn Jahre lang auf Bühnen und im Film spielte und 1943 den eleganten Rex Harrison heiratete, jenen Fische-Mann, der wohl der weltbeste Higgins wurde.

Obwohl Lilli Palmer als das stärkere Talent auch die bessere Position in der Filmwelt hatte, verraten ihre Rollen eine für ihre Intelligenz erstaunliche Wahllosigkeit, und Filme wie *Mädchen in Uniform* oder *De Sade* stehen neben *Lotte in Weimar* oder *König Ödipus*.

Dennoch hatte das Paar dieser weltbekannten Zwilling-Geborenen im allgemeinen eine gute Presse, bis Lilli Palmer zunächst autobiographisch, dann aus halbbiographischen Ressentiments ein Buch nach dem anderen schrieb oder jedenfalls unter ihrem zugkräftigen Namen herausbrachte. In den sich anspinnenden Pressefehden trat Carlos Thompson, wo immer er sich gerade befand, mannhaft, aber nach Art seiner argentinischen Frühfilme für seine Frau ein, forderte den Beleidiger zum Duell und verfaßte – auch er schrieb inzwischen Bücher – ausführlich polemisierende Artikel. Die Unruhe hat zwei Menschen aus dem Tierkreiszeichen der Zwillinge in einem Augenblick erfaßt, da sich andere ihres Alters zur Ruhe setzen. Was manchem Steinbock so gut bekommen ist, die zweite Karriere im Alter, der Wiederbeginn nach einem an sich schon ausgefüllten Leben, das scheint für den Zwilling eine Komplikation zu sein, die er sich nicht zumuten sollte – vor allem wenn (wie in diesem Fall) das Bankkonto längst stimmt.

## MARLENE DIETRICH
## UND JOSEF VON STERNBERG

Wir beschließen die kurze Übersicht über einige Zwillingskombinationen, die nicht als von vornherein günstig angesehen werden können, mit einem Paar, das gemeinsam einen einzigartigen Gipfel erreichte, einen Gipfel mit durchaus erotischen Akzenten, der dennoch keine Ehe, ja vielleicht nicht einmal eine geschlechtliche Beziehung war: mit dem Steinbock-Fräulein Marlene Dietrich, aus dem der Zwilling-Regisseur Josef von Sternberg einen Weltstar machte und wohl mehr als das – einen Kino-Mythos und vielleicht die bis heute bedeutendste Deutsche der Filmgeschichte.

Josef Sternberg entstammte wie ein Gutteil der großen Regisseure von Bühne und Film dem jüdischen Bürgertum der Stadt Wien; das *von* hielt irgendein Produzent für werbewirksam, vielleicht in Erinnerung an die großen Erfolge des Erich von Stroheim. Am 29. Mai 1894 geboren, war Sternberg also ein Zwilling der ersten Dekade, hochbegabt, aber eigensinnig, unternehmungslustig, aber schwierig in der Zusammenarbeit, kurz ein typischer Zwilling-Mann, aber auch mit allen Chancen ausgestattet, die der wankelmütige Merkur gerade in der schnellen Entwicklung der Filmkunst für die Seinen bereithält.

Sternberg kam schon als Kind in die Vereinigten Staaten, kehrte danach aber auf Wiener Schulen zurück und ließ sich erst 1924 endgültig in Hollywood nieder. Seine wenigen selbständigen Arbeiten hatten ihn als einen Regisseur von großer Originalität und mit stupenden technischen Fähigkeiten ausgewiesen. Er hatte mit einem Drehbudget von nur 5000 Dollars in *The Salvation Hunters* eine für die Schwarzweißfilmerei sensationelle Folge von Licht-und-Schattenwirkungen gezeigt und sogleich den Antrag erhalten, den nächsten Mary-Pickford-Film zu leiten. Aber sie war ein Widder (vgl. jenen Band), und der eigenwillige Sternberg konnte sich mit ihr über kein Sujet einigen. Ganz ähnlich erging es ihm mit Charlie Chaplin, für dessen Lieblingsstar Edna Purviance er *A Woman of the Sea* drehte, vielleicht der fotografisch und szenisch schönste Schwarzweißfilm, den Hollywood jemals hervorgebracht hat – der autokratische

*Emil Jannings und Marlene Dietrich in »Der blaue Engel«, einem Film von Josef von Sternberg*

Chaplin jedoch, Produzent des Films, ließ ihn nie verleihreif machen.

Das waren so typische Zwilling-Zwischenfälle, daß Sternberg sich, wäre er astrologisch beraten gewesen, eigentlich nach einem stoßkräftigen Partner aus dem Tierkreiszeichen Steinbock hätte umsehen müssen, aber woher sollte er, der in die diesseitigen Wirklichkeiten verliebte Regisseur, die geheimnisvollen Wahrheiten unserer Wissenschaft kennen? Mit Ben Hecht, einem hochbegabten Fisch, hatte er Erfolg, es war der erste realistische amerikanische Gangsterfilm: *Underworld.* Sternberg entwickelte seine Technik, in schwarzen und weißen Schatten-Licht-Effekten zu malen, die Gesichter charakterisierend an- und auszuleuchten. Er wurde zum Virtuosen in allen technischen Bereichen, aber der Star für seine besondere Kunst fehlte ihm und damit der eigentliche Durchbruch.

Es kam Amerikas Schwarzer Freitag, und es kamen Sternbergs erste deutsche Filme, allen voran *Der blaue Engel,* die Verfilmung des fünfundzwanzig Jahre zuvor erschienenen Romans *Professor Unrat* von Heinrich Mann. Gegen die Widerstände von Emil Jannings, der seine eigene Favoritin hatte, setzte Sternberg die eben entdeckte Novizin Marlene Dietrich als Besetzung der Lola Lola durch, und damit begannen fünf Jahre, in denen nicht nur die Dietrich berühmt wurde, sondern auch Sternberg seine größten Erfolge zu verzeichnen hatte.

Die junge Steinbock-Frau, nach Meinung der amerikanischen Kritik ein plumpes *Fräulein,* wurde in eine sinnliche Glamour-Göttin der Leinwand verwandelt. Sie war spröde, wie die Steinbock-Frauen nun einmal sind, barg aber eben die einzigartigen Sternbildmöglichkeiten der Energie, des Zielstrebens, der Härte gegen sich selbst. Kinder und Gatten ließ sie in Deutschland zurück, Arbeit, Aufstieg, Erfolg wurden für sie das neue Leben. In den sechs Dietrich-Filmen, die nun folgten, arbeitete er wie Pygmalion an einer Statue, und was dabei entstand, wurde nicht nur für die Entwicklung des Films sensationell, sondern vor allem für die beiden Menschen, die sich diese Dokumente einer künstlerischen *unio mystica* gemeinsam erarbeitet und erlitten hatten: *Morocco, Dishonored, Shanghai Express, Blonde Venus, The Scarlet Empress* und *The Devil Is a Woman.* Sie tragen alle die unverwechselbare Handschrift Sternbergs und verraten den Stil, der den Schwarzweißfilm auf den

Höhepunkt führte, die Lichteffekte, die Nebel zwischen Szene und Kamera, die Schattenspiele, die Kamera als Malerpinsel – poetische Sensationen, die auch von den großen französischen Regisseuren bald ähnlich genutzt wurden.

Aber es blieb ein Zwillings-Schicksal: Sternberg blieb stolz und unberechenbar, unzugänglich für Kompromisse, widersprüchlich in seinen eigenen Auffassungen, ein Genie, das die große Chance einer künstlerischen Begegnung mit dieser Steinbockfrau und ihren großen Möglichkeiten nicht etwa nur beruflich, sondern durchaus auch privat nutzte. Der unberechenbare, bisweilen sogar gefürchtete geniale Regisseur gab sich in der Familie, die Marlene Dietrich schließlich nach Amerika hatte nachkommen lassen, gelöst, freundlich, als guter Onkel; er entspannte sich neben der Frau, mit der ihn eine wohl einzigartige Mischung aus künstlerischem Wollen und privater Erfüllung verband, und er schien demgegenüber die eigentliche Hollywood-Karriere gar nicht mehr so wichtig zu nehmen. Jedenfalls zeigte die Paramount nach 1935 keine sonderliche Ambition mehr, mit ihm zu arbeiten, und als er Hollywood den Rücken kehrte, um unter Alexander Korda seine ehrgeizigste Regieaufgabe zu erfüllen – *Ich, Claudius Kaiser und Gott* nach Robert von Ranke-Graves mit Charles Laughton in der Titelrolle –, wurde dies ein spektakulärer Mißerfolg. Sternbergs Autobiographie, 1965 unter dem Titel *Fun in a Chinese Laundry* veröffentlicht, ist denn auch eines der bittersten Bücher seiner Art geworden und geblieben . . .

# Wo die Sterne nicht leuchten

So mancher hat gelegentlich den Eindruck, in seiner Brust säßen zwei Seelen, und beim Zwilling legt schon das Symbol für das Tierkreiszeichen die Vermutung nahe, die Menschen dieser drei Zwilling-Dekaden hätten unter dem Dialog in der eigenen Brust besonders zu leiden. Natürlich gibt es Zwillinge, bei denen die innere Spannweite sehr viel Positives bewirkt und die Chancen zum Beispiel in der künstlerischen Leistung gesteigert hat, denken wir etwa an so bedeutende Regisseure wie von Sternberg, Alain Resnais *(Hiroshima mon amour)*, Juan Antonio Bardem *(Der Tod eines Radfahrers)* oder an Rainer Werner Faßbinder. Auch Frauen gibt der Zwilling eine innere Spannweite, die nicht selten die Persönlichkeit beinahe zu sprengen droht, etwa bei der Filmschöpferin Agnès Varda *(Le Bonheur)*, bei der Schauspielerin Jenny Jugo, bei der Schriftstellerin Gabriele Wohmann.

Aber es gibt Zwillinge, bei denen jenes zweite Ich dunkel und mächtig anwächst und schließlich kaum noch zu bändigen ist, Zwillinge, die in Gefahr sind, von der Nachtseite ihrer Natur eingeholt und verdüstert zu werden, aus der Welt der Normalen hinausgedrängt zu werden und endlich der Spaltung zu erliegen, in einem Wahn, dem gewiß auch andere verfallen, der aber bei einigen Zwillingen zu extremer und exemplarischer Ausformung gediehen ist.

*Karin Baal und Günther Lambrecht in »Berlin – Alexanderplatz«,
verfilmt von Rainer Werner Faßbinder*

Wir brauchen hier nicht viele Beispiele anzuführen, denn es sind Namen zu nennen, die jeder kennt, Namen, die Begriffe wurden wie der des *göttlichen Marquis* Donatien Alphonse Francois de Sade, geboren am 2. Juni 1740, und Namen, die in einem Jahrhundert der Galanterie und der Ausschweifung einen besonderen Klang erhielten wie der des Grafen François Joachim de Pierres, Comte de Lyon, Abbé de Bernis, geboren am 22. Mai 1715 in Saint Maral (Ardèche). Es gibt große Erotiker unter den Zwilling-Männern, die ihre Veranlagung durch schöpferische Aktivität kanalisierten wie Detlev Freiherr von Liliencron, dessen freizügige Werke in einer allerdings engherzigen Epoche zum Teil Skandal machten, und es gibt innerlich zerrissene Zwilling-Männer, die an den Abgründen ihrer Seele zugrunde gingen wie Ferdinand Raimund, der Dichter des Seelendramas *Alpenkönig und Menschenfeind*.

Bernis, den späteren Kardinal, den Begründer des heute noch viel besuchten Museums von Albi, den kunstsinnigen Prälaten und feinen Dichter, kennt die Welt als Außenminister der Pompadour, und wer Casanovas köstliche Chronik seines Jahrhunderts gelesen hat, weiß auch, daß Bernis, Abbé und Gesandter Frankreichs bei der Republik Venedig, durch ein Guckloch aus einem Alkoven zusah, wenn Casanova in einem hell erleuchteten Salon zwei hübsche Nonnen vernaschte. Der schüchtern reimende, Höflichkeiten lispelnde und Komplimente machende kleine Abbé war einer der eifrigsten Lüstlinge seiner Zeit und von sich selbst so überzeugt, daß seine Memoiren nicht selten unfreiwillig komisch wirken, Memoiren, in denen von all dem natürlich kein Wörtchen zu lesen steht.

## DER MARQUIS DE SADE

Freigebiger äußerte sich da ein anderer Zwilling, besonders über seine Wünsche und Begierden: der Marquis de Sade aus dem uralten provenzalischen Grafengeschlecht, dessen

Mutter aus einer der glanzvollsten Nebenlinien des französischen Königshauses stammte:

»Durch meine Mutter mit allem verbunden, was es an Größtem im Königreich gab; durch meinen Vater an allem teilhabend, was die Provinz Languedoc an Vornehmstem hatte; geboren in Paris im Schoße des Überflusses und des Luxus, wähnte ich, kaum daß ich denken konnte, die Natur und das Schicksal hätten sich vereint, mich mit ihren Gaben zu überschütten: ich glaubte dies, weil man so töricht war, es mir zu versichern, und dieser lächerliche Dünkel machte mich übermütig, despotisch und jähzornig; ich meinte, alles müsse sich mir fügen, jedermann müsse meinen Launen gehorchen, und ich allein sei berechtigt, sie zu haben und zu befriedigen.«

In Paris neben einem Prinzen Condé aufwachsend, den er in seinem Kinderzorn beinahe totgeschlagen hätte, im Sade-Stammschloß bei Avignon von einem hochgebildeten, aber moralisch verkommenen Onkel in alle Genüsse von der Literatur bis zum Theater eingeführt, wurde Sade schon im Knabenalter Offizier und benahm sich im Siebenjährigen Krieg bereits als ein Monstrum. Absurd tapfer und darum schnell befördert, lebte er seine Triebe hemmungslos aus und fiel nur darum nicht auf, weil die französischen Regimenter sich damals im Hannoverschen und in Sachsen gleichermaßen schlecht benahmen und die Feldscher alle Mühe hatten, die Opfer von Massenvergewaltigungen soweit zusammenzuflicken, daß sie nicht starben.

Inzwischen hatte Papa de Sade die Familie weitgehend ruiniert und de Sade Junior so ungeheure Schulden gemacht, daß nur noch eine reiche Heirat helfen konnte. Dazu mußte der Marquis natürlich herabsteigen und eine Tochter aus dem kleinen Geldadel der Steuerpächter an seine Seite ziehen. Es war Renée-Pélagie de Montreuil, ein nicht gerade schönes, aber gesundes Mädchen, das zum Unglück eine hübsche jüngere Schwester besaß. Renée, die ihrem Scheusal von Gatten durch zwanzig Jahre in Liebe und Treue anhing, wurde die unglücklichste und am schrecklichsten bloßgestellte Ehefrau Frankreichs, denn schon fünf Monate nach der Hochzeit saß de Sade wegen geschlechtlicher Exzesse erstmals im Gefängnis von Vincennes. Die vermögende Schwiegermutter erreichte nach zwei Wochen seine Beurlaubung auf ein normannisches Schloß der Montreuil, aber schon im Jahr darauf ging es wieder los: Sade, der sich in den häuslichen Kreis der Montreuil nicht zu fügen vermochte, hielt lange Zeit die hübsche Schauspielerin Colette aus und, als diese ihn allzu offensichtlich betrog, die berühmte Lebedame Beauvoisin, ein wunderschönes Geschöpf, das einst Dienstmädchen gewesen war, neben einem herrlichen Leib aber auch die Gabe der angenehmsten Plauderei beherrschte – und das lieben Zwillinge bekanntlich, vor allem die Verbindung der beiden Vorzüge. Mit dieser schönen und munteren Geliebten fuhr Sade auch nach La Coste, dem Stammschloß seiner Familie bei Avignon, gab dort Feste und veranstaltete Theateraufführungen – ein Hang, den er nicht ablegen sollte bis hin zu seiner letzten Lebensphase im Irrenasyl von Charenton.

*In summa* ist dieses Leben eine Folge immer absurderer Ausschweifungen, die bisweilen das Lächerliche streifen, etwa wenn Sade eine ganze Gesellschaft mit Abführbonbons vergiftet. Aber es gibt auch immer wieder echte und tiefbrennende Leidenschaften, die erwidert werden, wie die zwischen Sade und der schönen jüngeren Schwester seiner Frau, Madame Anne-Prospère de Launay. In immer längeren Gefängnisaufenthalten beginnt Sade, der sich eine beträchtliche Bildung angelesen hat, dann endlich zu schreiben, besessen von einem Dämon, dessen er anders nicht mehr Herr werden kann.

Die Martern, die de Sade in Kerkerjahren ersann und zu einem System zusammenbaute, sind nicht frei erfundene Ausgeburten eines kranken Hirns, sondern ist die literarische Ausprägung durchlebter Wirklichkeit. Und nicht sosehr de Sades literarische Nachformung ist erstaunlich, sondern eher der Umstand, daß es neben ihm eine umfangreiche Schreckensliteratur gab, die mit dem Rohmaterial hantierte, das Hexenrichter und Inquisitionstribunale zur Verfügung stellten.

Mit der Luzidität seiner pathologischen Neigung erkannte de Sade, daß ihm das seit Jahrhunderten so machtvoll funktionierende System der Kirche und ihrer Gerichtsbarkeit jenes Denkmodell lieferte, mit dem er seine Einsamkeit und sexuelle Isolierung zu besiegen vermochte. Inhaftiert und folglich zum Zölibat verurteilt, behalf er sich mit den Spielen, die aufgrund des Hexenhammers überall in Europa das verpönte Liebesspiel ersetzten. Und er entdeckte sehr bald, wie sehr die Mechanismen der Inquisition und der Tortur seinen geheimsten Neigungen entsprachen. Die Schärfe des Verstandes als Hauptwaffe der Macht, die Unschuld als Hauptvorzug des Opfers, aber auch als Hauptangriffsziel der Ankläger – das ist die Konstellation, welche den Sadeschen Romanen zugrunde liegt, welche in zahlreichen Episoden der *120 Tage von Sodom* wiederkehrt, und sie ist natürlich auch der Grundriß des Ketzer- und erst recht des Hexenprozesses. Darum ist es auch kein Zufall, daß in den *120 Tagen von Sodom* eine Art Orden die Macht zu allem Genuß hat oder daß in den *Infortunes de la Vertu* die Heldin einem ganzen Wüstlingskloster ausgeliefert ist, ebenso ausgeliefert wie die Hexe vor Gericht, ebenso unschuldig, aber ebenso aussichtslos gefangen. Die Einführung Sophies gleicht der Prüfung einer Verdächtigen, deren Leib von Experten auf verräterische Male untersucht wird, nur daß de Sades Bösewichte aussprechen, was andere nur empfanden: »Sobald ich in der Mitte dieses schrecklichen Kreises stand, gab man mir zu verstehen, daß ich am besten daran täte, mich allem Kommenden genauso widerstandslos zu unterwerfen wie es meine Gefährtinnen getan hatten.

›Du kannst dir doch denken‹, sagte Bruder Raphael zu mir, ›daß hier, in diesem kaum zugänglichen Kloster, in das dich dein Unstern geführt hat, jeglicher Widerstand sinnlos ist. Du hast nach deinen Erzählungen schon mancherlei Unglück erlebt, aber das Schlimmste, was einem tugendhaften Mädchen widerfahren kann, fehlt noch auf der Liste

*Illustration zu de Sades »Juliette«*

deiner Mißgeschicke. Ist es denn natürlich, daß ein Mädchen in deinem Alter noch Jungfrau ist? Muß man darin nicht vielmehr ein Wunder der Natur sehen, das gar nicht mehr länger andauern kann? Sieh um dich, und du wirst in den anderen Mädchen Leidensgenossinnen erkennen, die sich zunächst auch zierten, die sich aber schließlich, genau so, wie wir es von dir erwarten, allem gefügt haben, was wir von ihnen verlangten, weil sie einsehen mußten, daß sie sich sonst noch schlechterer Behandlung aussetzen . . . Zieh dich also aus, Sophie, und du wirst sehen, daß die folgsame Unterwerfung unter unsere Wünsche dir gute Behandlung sichern, jeglicher Widerstand aber die härtesten und entwürdigendsten Strafen nach sich ziehen wird, Strafen, die unsere Sinne noch mehr reizen würden, so daß du deinem Schicksal auf keinen Fall entgehen könntest.‹«

Es ist die Inquisition, aus der Diskussion um Glaubensartikel und dem seelenzerfleischenden Kreuzverhör in die körperliche Inspektion verwandelt, und die Tortur, die de Sade sich dabei immer wieder ausmalt, ist trotz aller Beschränkung auf das Körperliche im wesentlichen seelischer Art, so wie ja auch de Sades Vergnügen beim Ersinnen dieser Szenen ein geistiges war. Am sinnlichen Vergnügen hinderten ihn nicht nur die Kerkermauern, sondern auch die Gesetze, und die wenigen Versuche, die er wagte, um sich in den Jahren der Freiheit das eine oder andere Mädchen auf die Weise gefügig zu machen, die ihm oben im Hirn spukte, endeten beinahe kläglich, so als sei der Marquis sein eigener Nachäffer und zu einem lächerlichen Abklatsch seines imposanten geistigen Lastergeschöpfes herabgesunken.

Daß de Sade immer wieder zu dieser Grundkonstellation zurückkehrt, daß seine Opfer sich stets unentrinnbar mit einem Kreis von Bösewichten konfrontiert sehen, hat seinen Grund in der Tatsache, daß de Sade diese Verteilung der Gewichte für typisch, für instruktiv und für exemplarisch hält. Denn wenn der Marquis auch gewiß nicht der erste Sadist war, so ist er doch der erste und zugleich bedeutendste Theoretiker des Sadismus. Bei ihm geht es nicht um jene

Späßchen, die man sich in jedem besseren Bordell herausnehmen kann, sondern es geht um eine Welt, in der die frommen Lügen, die eitlen Hoffnungen und die traditionellen Tünchen durch das nackte Bild von der menschlichen Natur ersetzt werden, einer Natur, die de Sade für abgrundtief, weil wesenhaft böse ansieht.

Thereses Peiniger haben die Machtlosigkeit der Unschuld als regelrecht hingestellt, weil die Welt eben nicht gut sei. De Sade legt solche Maximen immer Richtern, Geistlichen, Fürsten in den Mund, um zu unterstreichen, daß hier eine Sentenz *ex cathedra* verkündet wird. Er verschleudert nicht Bonmots der Zynismen wie viele seiner Zeitgenossen und später zum Beispiel Oscar Wilde; er doziert, und die Essenz seiner Philosophie legt er der höchsten Autorität in den Mund, die er auf Erden finden kann, Papst Pius VI. und zwar in einem Gespräch mit Juliette. Es ist ein langer philosophischer Diskurs, in dem der Papst zweifellos zum Erstaunen jener, die das Werk des echten Grafen Braschi und späteren Pius VI. kennen, eine stark von antiken materialistischen Ideen beeinflußte Theorie des Lebens und des Sterbens entwickelt. Der Gedanke, daß es sich in beiden Fällen nur um Übergänge, um Phasen einer pausenlosen Bewegung handelt, führt de Sade im gleichen Werk zu einem moralischen Nihilismus, während etwa Mitleid und Liebe als Selbsttäuschungen und Vorurteile erscheinen:

»Gewissen, liebe Juliette, nennt man jene Art innerer Stimme, die sich in uns erhebt, um uns daran zu hindern, etwas Verbotenes zu tun, was immer dies sein könnte. Das ist nicht nur die einfachste Definition – sie läßt uns auch auf den ersten Blick erkennen, daß dieses Gewissen nichts anderes ist als eine Funktion unserer Vorurteile, wie sie uns im Laufe der Erziehung eingeimpft wurden, da nun einmal alles, was man dem Kind verbietet, in dem Augenblick Gewissensbisse verursacht, da das Verbot umgangen oder verletzt wird. Bei den Gewissensbissen bleibt es so lange, bis die Lebenserfahrung dem Menschen hilft, die Vorurteile zu überwinden, da er nun eingesehen hat, daß mit den verbote-

*Illustration zu de Sades »Juliette«*

nen Handlungen kein wirkliches Übel verbunden sei . . .«

Der Mann, der am 2. Dezember 1814 unter den Irren von Charenton die Augen schloß, war als Mensch vielleicht tatsächlich ein Studienobjekt für Spezialisten; sein Werk jedoch reicht mit seinem universellen Anspruch weit über die Sphäre pathologischer Studien hinaus und enthält eine der packendsten Utopien, die je ersonnen wurden: das schreckhaft leuchtende, wie ein Nordlicht blutrote Strahlen aussendende Erscheinungsbild einer schrankenlos menschlichen Welt, einer Welt, die einmal tatsächlich, nicht nur in Worten, eine Welt ohne Gott wäre. Denn Sade in seiner Abgefallenheit, in seiner Kerkereinsamkeit, Sade in seinem Menschenhaß und Schicksalshader spürte Gott auch dort auf, wo er den Materialisten bis dahin entgangen war und weiterhin entgehen sollte: im innersten Ich, im Gewissen, in der Familie, im geheimen, privaten Glücksbezirk, aus dem wir leben. Es war eine Jagd auf Gott, eine Verfolgung des edelsten Wildes und der immer erneute Versuch, es zu stellen, über dem der Marquis schließlich nicht nur die Freiheit, sondern auch seinen Verstand verlor.

Das ist zweifellos auch für einen Zwilling-Mann ein ausgesprochen extremes Schicksal, aber es ist dennoch typisch in seiner Aufspaltung der Welten und der Lebensbereiche, die es uns zeigt. De Sade hat neben der Wirklichkeit seine zweite, eigene Welt, er baut sie konsequent neben seiner Ehe auf, und er verfällt in den Wahn, als die Wunschwelt die Oberhand gewinnt, der Rückweg in die Wirklichkeit unmöglich geworden ist. Es ist gewiß kein Zufall, sondern eine merkwürdige Koinzidenz von privatem und Völkerschicksal, daß die zwei bekanntesten Utopisten dieses Jahrhundert-Endes, der Freimaurer und Goldmacher Cagliostro und der Apostel der Amoral und des Lustprinzips de Sade im Gefängnis saßen, als die große Revolution sich ankündigte und ausbrach, die Französische Revolution, die den Abgang einer bis dahin als gottgewollt und unerschütterlich geltenden Ordnung einleitete. Eigensinnig und von der Merkur-Rastlosigkeit ihres Sternbilds getrieben, arbeiteten sie auch im Kerker weiter, Cagliostro in seiner Suche nach dem Stein des Weisen, de Sade in Charenton an seinen Versuchen, seine Philosophie dramatisch zu veranschaulichen, und keinem von beiden hat die Politrevolution der linken Puritaner ihre Träume erfüllen können, jeder von ihnen ist nur auf dem Hintergrund der alten Ordnung, des *Ancien Régime* denkbar.

# Das Astro-Schema der Partnerschaft

Auf den folgenden Seiten geben wir in systematischer Zusammenstellung alle möglichen Partnerschaften, gesondert nach Mann und Frau und gesehen vom Tierkreiszeichen der Zwillinge aus. Zu Ihrer Bequemlichkeit beginnen wir nicht mit dem Zodiakaljahr (21. März), sondern gehen nach dem Ihnen vertrauten Kalender vor, in dem der Steinbock den Reigen eröffnet.

Die im folgenden gegebenen Grund-Charakteristiken gründen sich auf den uralten Erfahrungsschatz der Astrologie, aber auch auf die Ergebnisse der modernen astropsychologischen Forschung und prüfen nicht nur den Menschen, sondern vor allem die Chancen einer Verbindung. Bedenken Sie aber bitte, daß endgültige, verbindliche Entscheidungen nur aufgrund eines genauen persönlichen Horoskops getroffen werden sollten. Unsere Darlegungen, die notwendigerweise große Menschengruppen umfassen, können nur eine allgemeine Orientierungshilfe bieten und sollten darum nicht als ein schicksalhaftes Verdikt aufgefaßt werden; sie beziehen sich auch nicht auf die in den vorhergehenden Kapiteln namentlich genannten Personen.

## ZWILLING-MANN UND STEINBOCK-FRAU

Diese Partnerin können Sie ganz ausgezeichnet brauchen, Monsieur Zwilling: Ehe Sie recht wissen, woran Sie sind, werden Sie einen guten Arbeitsplatz haben, ein wohlgeordnetes Heim und eine Frau, die zumindest halbtags mitverdient. Und wenn Sie ihr das Haushaltsgeld erhöhen wollen, wird sie sagen: »Wozu? Ich komme prächtig aus, aber wir könnten endlich mit einem Bausparvertrag beginnen!«

Während Luft und Feuer, aber auch Luft und Wasser gelegentlich Schwierigkeiten miteinander haben, ist das Element Erde, unter dessen Einflüssen der Steinbock steht, jene akzeptable Stabilisierung, die das Luftzeichen der Zwillinge am besten verkraftet – und Stabilisierung tut not, vor allem wenn es sich um einen männlichen Zwilling handelt, von dem ja die Umgebung am Arbeitsplatz oder im freien Wirtschaftskampf ja dasselbe erwartet wie vom Stier oder vom Löwen.

Gefahren lauern in dem Mangel an Ausdauer, der beim Zwilling häufig auftritt und gerade bei Steinbock-Naturen kein Verständnis erwarten kann. Aber eben darum ist die Steinbock-Partnerin wichtig: Sie wird die undankbare Aufgabe der unbequemen Mahnerin haben, solange bis der Zwilling einsieht, daß sie recht hatte.

Die Versöhnung zwischen diesen Gegensätzen erfolgt, wie in vielen Ehen, im Bett, aber nicht nur dort. Der Zwilling-Mann ist ja ein gewandter und vielseitiger Kavalier, er wird die spröde Steinbock-Frau Tag für Tag neu erobern und ihr abends beweisen, daß es ihm wenigstens damit Ernst ist. Sie ist allerdings behutsam in die Liebe einzuführen, man muß ihr Zeit geben und mit den Extravaganzen haushalten. Konkret: Fallen Sie nicht mit der Fellatio ins Haus, Monsieur Zwilling, solange nicht einmal der Cunnilingus akzeptiert wird . . .

# ZWILLING-MANN UND WASSERMANN-FRAU

Über sie herrschen Uranus und Saturn, zwei düstere Gesellen, denen der muntere Merkur bei weitem vorzuziehen ist. Andererseits aber kommt auch die Wassermann-Frau trotz ihres feuchten Namens aus einem Zeichen, das dem Element Luft zugeordnet wird, und das schafft eine natürliche Verwandtschaft der Verhaltensweisen und der Weltsicht.

Bei der Wassermann-Frau bewirken diese luftigen Einflüsse, daß sie weniger als ihre Tierkreisschwestern am Heim und an der Heimat hängt, aber auch, daß sie sich für andere Menschen und deren Interessen verhältnismäßig schnell erwärmt. Sie ist nicht egozentrisch angelegt, doch bewirken ihre vagen Verhaltensweisen naturgemäß, daß sie

*Gustave Courbet – »Schlafende Freundinnen«*

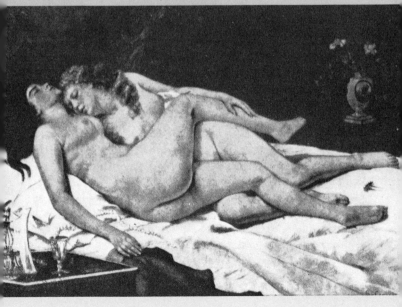

schließlich ohne Bindungen dasteht und auf sich allein gestellt ist.

Der Zwilling kann da viel helfen, denn nach dem Nietzsche-Wort – ›Nur wer sich wandelt, bleibt mit mir verwandt‹ – ist er der Mann, der mit der Wassermann-Lady Schritt hält und sie schließlich lachend davon überzeugt, daß sie manchen anderen abschütteln kann, ihn aber nicht.

Solche gleichsam in Etappen zusammenkommenden Naturen, solche erprobten Gemeinschaften halten lange. Er und sie lieben die Gesellschaft und öffnen das Heim vielen Freunden; sie werden viel ausgehen und gern reisen, aber lieber Kinder von Freunden und Verwandten verwöhnen als sich Nachwuchs ins eigene Heim setzen.

In der Liebe sind Zwilling und Wassermann kongeniale Partner. Er ist ein aufmerksamer, intelligenter und origineller Liebhaber, sie eine muntere Nixe, die weiß, was sie wert ist und was sie im Bett aus sich machen kann. Perversionen, wie sie beim Zwilling gelegentlich auftreten, werden weitgehend mitgemacht oder doch geduldet.

## ZWILLING-MANN UND FISCHE-FRAU

Die beiden Fische im Zeichen dieser Frau schwimmen in verschiedene Richtungen, und wenn Sie, verehrter Monsieur Zwilling, Ihrer Frau einmal nach einem deftigen Ehekrach liebevoll die Tränen getrocknet haben und das Lächeln in ihrem Gesicht wieder aufgehen sehen, dann wissen Sie, was diese seltsamen und kontroversen Fische zu bedeuten haben: Die Dame aus dem Wasserzeichen hat ganz genau so wie Sie selbst zwei Seelen in der Brust, aber während man bei Ihnen bisweilen den Eindruck hat, diese zwei Seelen strebten auseinander, so sitzen sie beim Fisch einträchtig auf der Wippe: Geht der eine hoch, so geht der andere runter.

Die Fische-Frau, das kann ohne Vorbehalt gesagt werden, gehört zu den reizvollsten Geschöpfen im ganzen Tierkreis. Sie ist mit ihrem Gefühlsgewoge ungemein weiblich, sie appelliert an die männliche Beschützerrolle und ist dann auch außerordentlich anschmiegsam und von entzückender Zärtlichkeit. Ihr Hang zur Träumerei gibt ihr etwas Rätselhaftes und wird sie in immer neuem Licht erscheinen lassen, je nachdem, welche Ideen und Pläne sie serviert, mit welchen geheimen und stets ein wenig kindlichen Ängsten sie den Mann vertraut macht.

In der Liebe ist sie von fröhlicher Bereitschaft und gut für die angenehmsten Überraschungen. Überströmend in ihrer Hingabe und ausdauernd in ihrem Konsum an Streicheleinheiten, braucht sie mehr Zeit für das Liebesspiel als die meisten anderen Frauen und wird dies mit der reizendsten Unschuldsmiene auch zugeben. Für die Tatsache, daß ihre Hinterpartien oft besonders wohlgerundet und attraktiv sind, hat gerade der Partner aus dem Zeichen der Zwillinge viel übrig, und sie wird, was immer sich dort begibt, lächelnd hinnehmen, ja freundlich gewähren.


## ZWILLING-MANN UND WIDDER-FRAU

Weich und hart sind von der astrologischen Erfahrungsbank füreinander bestimmt, der Luftikus und die Zielbewußte, der Charmeur und die Virago. Es ist schon oft gutgegangen zwischen diesen Zeichen, denn wenn es etwas gibt, was schlimmer ist als das Nicht-Zusammenpassen, dann ist dies die Frau ohne Eigenschaften. Und sie wird man unter dem Zeichen des Widders wohl niemals finden.

Lebhaft, mutig, voll Unternehmungsgeist und Tatkraft, ist diese Frau ein wahres Labsal für den Zwilling, weil er neben ihr gar nicht erst die Verpflichtung empfindet, die Ehe zu führen, die Familie zu präsidieren. Er wird sich mit dem *Laß nur, Männe* zufriedengeben, das sie ihm freundlich hinwirft, weil er weiß, daß sie's ja doch besser kann. Allerdings gibt es auch Gebiete, auf denen er's ebenso gut kann – das ist das Geldausgeben. Darin werden die beiden wetteifern, und man kann nur hoffen, daß sie kein Stier-Baby in

116

die Welt setzen – es würde dereinst höchst ärgerlich auf die leeren Sparbuchseiten reagieren.

Auch in der Liebe aktiv, hat die Widder-Frau die Neigung, ihren Partner zu beherrschen. Und da der Zwilling sich dies ganz gern gefallen läßt, steht die Ehe zwar unter umgekehrtem Vorzeichen, wird aber im allgemeinen gut funktionieren. Die Widder-Frau zieht freilich viele Männer an, so wie die Motten ins Licht fliegen, und dann könnten im enttäuschten Zwilling seine eigenen Tendenzen zum Fremdgehen die Oberhand gewinnen. Rein sexuell ist alles in bester Ordnung: Das aktive und attraktive, ja bisweilen strahlende Wunschweib hat im Zwilling einen Liebhaber, der mit Begeisterung auf sie eingeht und ihren stolzen Leib mit seiner kundigen Zärtlichkeit überschwemmt. Der Erlösungsschrei im Orgasmus klingt zornig, aber die Widder-Frau zürnt dann nur sich selbst (weil sie diese Sensation nicht entbehren kann).

## ZWILLING-MANN UND STIER-FRAU

Eine Frau, über deren Tierkreiszeichen die Venus herrscht, deren Blume das Veilchen und deren Element die Erde ist – muß man noch mehr sagen? Der seinen Stimmungen unterworfene Zwilling findet hier die ruhige Heiterkeit einer selbstsicheren Frau, die zudem nicht selten den Charme der Venus-Beherrschten besitzt: ein diskretes, aber überzeugendes Flair von sonnigem Eros über der ganzen Erscheinung, keine knallige Attraktion, keine nymphomanische Penetranz, sondern das ruhige So-Sein der Frau, die ihre Wirkungen kennt und ihnen vertraut.

In der Ehe ist die Stier-Frau ein ausgesprochen positiver Faktor, am Haus und an der Familie aktiv interessiert, mit Festigkeit für Ordnung sorgend und in allem unbeugsam,

◄ *Chinesisches Rollbild auf Papier, 18. Jahrhundert*

was Finanzen und Rücklagen betrifft. Hier schlummern Konfliktthemen, denn der Zwilling hat eine leichte Hand und findet tausend Gründe, seine Geldausgaben zu rechtfertigen. Ist die Stier-Frau von der leicht bedächtigen Spezies (Aszendenten Fische, Krebs), wird sie vermutlich den kürzeren ziehen – zum Schaden der Familie und der ganzen Lebensführung.

In den privatesten Bereichen hat der Zwilling von seiner Frau aus dem Venus-Bereich sehr viel. Im allgemeinen gesund und wohlgestaltet, neigt sie in der Jugend, aber auch später, nach dem 32. Lebensjahr, zu einer gewissen anmutigen Fülle, die ihr die schönsten Schultern und aufregende Arme gibt. Sie gehört zu jenen erotischen Wunderwesen, an denen sich die männliche Begierde entzündet, ohne daß sie selbst viel tun müssen, weswegen ihre Sinnlichkeit zwar unleugbar vorhanden ist, aber geweckt werden will. Für den Mann, den sie liebt, vergißt sie im Bett ihre Würde weitgehend, aber niemals ganz; der ausschweifende Zwilling tut daher gut daran, behutsam vorzugehen . . .

## ZWILLING-MANN UND ZWILLING-FRAU

Diese beiden sind das Thema des vorliegenden Bandes. Wir haben in den ersten beiden der Einleitung folgenden Kapitel sowohl ihn als auch sie ausführlich studiert und verweisen, um uns nicht zu wiederholen, auf diese Ausführungen.

## ZWILLING-MANN UND KREBS-FRAU

Da denkt nun jeder an die unglückliche Soraya oder an die heute auch nicht mehr allzu glückliche Lollobrigida, und tatsächlich ist die Krebs-Frau ein gefühlstiefes, nicht selten etwas melancholisches Wesen, sehr weiblich, sehr anziehend, sehr häuslich und in ihrer Hilfsbedürftigkeit durchaus rührend – aber ein wenig problematisch ist sie zweifellos auch. Nun ist allerdings gerade der gewandte Zwilling-Mann, der sich dank seiner Suada allem gewachsen fühlt,

*Krebs-Frau Gina Lollobrigida im Film »Die Puppen«*

ganz gut ausgestattet, um diesem Tränenbrünnlein und Stimmungsnäschen des Tierkreises die gute Laune wiederzugeben. Aus den häufigen Trostszenen einer Ehe kann echte und tiefe Verbundenheit wachsen.

Die Ehe selbst wird von der Häuslichkeit der Krebs-Frau profitieren; die Kinder sind bei ihr in ebenso guten Händen wie Haus oder Wohnung, und dank ihrer Fantasie und Treue wird sie alles tun, um die private Sphäre zu einer kleinen, selbstgenügsamen Welt auszugestalten, mehr *Home, sweet home* als *My house is my castle* (wie die Stier-Frau sagen würde).

In der Liebe darf die Krebsin, die mit dem Leben bisweilen nicht so recht fertig wird, sich gehen lassen, die Arme öffnen, die Lippen darbieten, sich ganz weich geben. Sie kann das wunderbar. Man taucht in sie ein, ihre weichen, weißen Schenkel umschlingen den Gatten, er ist gefangen in der köstlichsten Zelle. Den zärtlichen Spielen dieser unermüdlich Liebenden sind keine Grenzen gesetzt.

## ZWILLING-MANN UND LÖWE-FRAU

Sie kommt aus der Sonne, ihr Element ist das Feuer und ihr Tag der Sonntag. Alltäglich ist diese Dame also nicht, und wenn wir noch erfahren, daß die ihr zugeordnete Blume die Pfingstrose ist, dann wissen wir schon einiges von dem, was auf den Zwilling mit dieser Verbindung zukommt.

Er kann Glück haben, erstens, weil Zwillinge oft Glück haben und zweitens, weil er es in diesem Fall braucht. Dann findet er also eine gutbestrahlte Löwein, eine mit Aszendenten wie Jungfrau oder Stier, die den Höhenflug ein wenig dämpfen, ohne ihn abzubrechen, oder mit den Fischen, die für Verinnerlichung sorgen. Das kann sehr gut gehen, denn beide lieben einen gewissen Aufwand, sind geschickt in der Lebensführung, und was *ihm* an Erfolg fehlt, das hat gewiß *sie*.

Da unsere Welt jedoch für viele Zwillinge Platz hat, aber nur allzu wenigen Löwen das bieten kann, was diese als ihnen zugemessen ansehen, wird es in den meisten Fällen Reibereien mit der Wirklichkeit geben. Der Aufwand wird dem Portemonnaie nicht entsprechen, und die Löwin wird zu Hause soviel Autorität entfalten, daß der bewegliche Zwilling schließlich das Weite sucht – zeitweise oder gar für immer.

Er hat indessen eine Möglichkeit, die Dame an seiner Seite festzuketten, gleichsam zu zähmen, denn die großen Katzen sind lüsterne Geschöpfe, und der Zwilling versteht sich auf die Liebe. Sorgsam das Terrain bereiten, mit den feineren Würzen der Stimmung und der Galanterie für jene Bereitschaft sorgen, in der auch die Raubtiere ihre Krallen einziehen, und dann ohne Schonung drauf auf die Gute, sie hält es gewiß aus. Vielleicht wird sie sich ein wenig wehren, wird die Initiative zurückzugewinnen suchen. Aber es kommt der Augenblick, wo sie sich wohlig streckt . . . Widmet man sich ihr hingebungsvoll, wird sie schließlich in eine faire Partnerschaft willigen.

## ZWILLING-MANN UND JUNGFRAU-FRAU

Hebbel notierte nach der ersten Nacht mit einer schönen Geliebten (die später seine Frau wurde) in sein Tagebuch: »Jung freilich – aber jungfräulich?« Mehr als ein Wortwitz bei Hebbel, mehr als eine simple Frage bei uns, denn die astrologischen Jungfrauen, die Damen aus dem sechsten Zeichen des Tierkreises, von denen hat man tatsächlich bisweilen den Eindruck, sie verstünden es, den Hymen ein Leben lang nicht preiszugeben. Es gibt eine besondere Naivität, zu der vor allem Intellektuelle neigen, eine Ahnungslosigkeit der Superklugen – sie ist die Jungfräulichkeit der Jungfrau-Geborenen.

Die Dame steht unter dem Merkur wie Monsieur Zwilling selbst, das schafft eine bedeutsame Zweisamkeit: Sie teilen sich das Gestirn, das selbst zwiegesichtig ist, weil der alte Merkur doch der Gott des Handels *und* der Diebe war, der Boten *und* der Schmuggler. Die rechtschaffene Hälfte ist die der Jungfrauen, sie sind bis ins Mark ihrem Erdzeichen treu, und so schnell sie auch rechnen und so gut sie auch planen können, eines bleibt ihnen stets die Basis, die Überzeugung: Ehrlich währt am längsten.

Der Zwilling-Mann ist neben soviel Gebundenheit, neben so manchem Jungfrau-Vorurteil zweifellos ein moralisches

*Michael von Zichy*
*»Liebe«*

Leichtgewicht, aber nicht *er* wird daran zu tragen haben, sondern *sie,* die alles perfekt haben will. Andererseits kann er mit seiner Gewandtheit sie auflockern, und dank seiner Fähigkeit, sich auszudrücken und zu überzeugen, wird er auch selten den kürzeren ziehen.

In der Liebe hat er eine lohnende Aufgabe, denn die

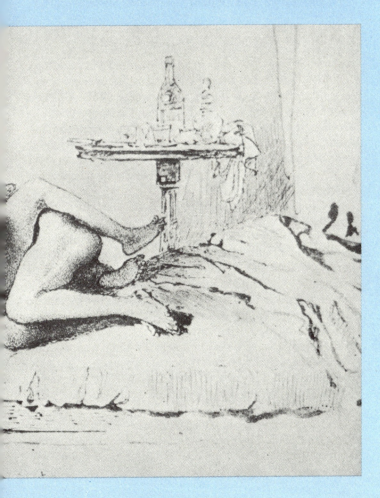

Spröden, wenn man sie einmal soweit hat, schlagen bekanntlich selbst die Frühverdorbenen. Sie wird ein reizendes Zaudern an den Tag legen, aber wer mit Worten so schmeicheln kann wie der Zwilling, der kommt gewiß ans Ziel – und an was für ein Ziel! Sie wird die Beine breiten und im Orgasmus schreien, daß die Wände zittern, nur nachher – nachher wird sie von all dem nichts mehr wissen wollen.

## ZWILLING-MANN UND WAAGE-FRAU

Auch sie ist von der Venus beherrscht, aber im Unterschied zur Stier-Frau dem Luftelement zugeordnet wie der Zwilling. Man kann sich unschwer vorstellen, daß zwischen diesen Geschöpfen eines gemeinsamen Elements, ganz abgesehen von anderen Eigenschaften, schon darum eine besondere Harmonie möglich ist, ja mehr als das: jene immer neue Freude des Entdeckens von Gemeinsamkeiten von gleichen Reaktionen, die einem im Leben wie ein Fackelzug durch das Dunkel leuchtet.

Die Farbe der Waage-Frau ist Rosa, aber auch zartes Himmelblau paßt zur ihr und natürlich jener warme Lilaton, den ihre Lieblingsblume, der Flieder, uns zeigt. Viel Charme also, viel Frauliches und dazu eine gute Portion beständiger Jugendlichkeit. Auf der Negativseite bucht die Astrologie eine gewisse Unlust zum Profanen, wenig Neigung, sich mit dem täglichen Kram zu befassen, wozu die heimliche Überzeugung kommt, daß man das Leben auch ohne allzuviel Anstrengung bewältigen werde.

Es kann passieren, daß in einem Zwilling-Waage-Heim wochenlang keiner von beiden den Staubsauger anrührt und daß man doch glücklich ist, weil schließlich die berühmte Fairneß der Waage siegt und eine Einteilung getroffen werden wird.

Die sehr reizvolle, in vielen Spielarten der Liebe wie in Samt und Seide einhergehende Waage-Frau erfüllt jedem Mann auch geheime Wünsche. Daß diese Skala beim Zwilling besonders lang ist, wissen wir, aber eine Waage-Geborene ist nicht so schnell zu verblüffen. Sie gewährt mit der ihr innewohnenden Überlegenheit, sie schenkt stets, läßt sich nie etwas abpressen. Und ist am schönsten, wenn sie an den Rand ihrer Kräfte und ihrer Möglichkeiten gelangt. Weiß, feingliedrig, mit meist sauber abgegrenztem Schamhaardreieck, bleibt die Waage-Frau verführerisch bis zum letzten, aufgelösten Augenblick.

## ZWILLING-MANN UND SKORPION-FRAU

Dieses unruhige Geschöpf an Ihrer Seite, Monsieur Zwilling, ist eine der interessantesten Frauen des ganzen Zodiaks, nur leider weiß sie es auch. Sie braucht mehr Abwechslung als selbst die Zwillinge, und sie lebt in der beständigen Angst, etwas zu versäumen. Der Zwilling-Mann ist eigentlich geschaffen für die Skorpion-Frau, er besitzt Beweglichkeit und Initiative genug, um ihr etwas zu bieten – die Frage ist nur, ob er genug Festigkeit entwickelt, um diese reizvolle Eva dauernd zu beruhigen, ob er der Halt sein kann, den sie im Leben braucht.

Ewig bewegt wie das Wasser, ihr Element, glüht sie in ihrer Leibfarbe Rot, und geheime Lüste ädern ihre Seelentiefen, so wie ihr Mineral, der Malachit, geädert ist, ohne je wirklich durchsichtig vorzukommen. Eine Ader aber hat sie, bei der man sie verstehen kann: Sie weiß selbst, daß sie Ruhe braucht und ein Heim, und sie wird schließlich die Ehe suchen wie eine Entziehungskur, wenn sie sich nicht von vornherein darauf einstellt, aus einer Ehe nur noch kurzzeitig und in Richtung harmloser Flirts auszubrechen.

In der Liebe ist sie quecksilbrig mit einem wohlgeformten Hintern, den sie auch sinnvoll zu bewegen weiß. Sie wird schon feucht, wenn sie dem Mann ihrer Wahl nur tief in die Augen schaut, und sie nimmt für die entscheidenden Stunden ganz gern den recht kurzen Anlauf eines Glases Whisky. Hochbegabt für den Sex, kann sie auch dem Zwilling überallhin folgen und hat eine breite Skala der Möglichkeiten: Jedem Liebhaber teilt sie eine bestimmte Technik zu, und sie hält sich schon für treu, weil sie ihm diese reserviert, solange er imstande ist, mitzumachen.

## ZWILLING-MANN UND SCHÜTZE-FRAU

Eine glanzvolle Erscheinung, eine ehrgeizige Frau, eine Gefährtin, die Ihnen große Rosinen in den Kopf setzt. Nicht jeder Zwilling ist dafür zu haben, denn es läuft auf emsige Arbeit hinaus, der Schützin zu bieten, was sie sich vom Leben erwartet. Andererseits aber ist der ideenreiche Zwilling, weltgewandt und veränderungssüchtig, mit dieser strahlenden Frau gut bedient, wenn er auf dem gesellschaftlichen Parkett, in der Welt der Diplomaten oder der großen Geschäfte, eine Vorzeige-Frau braucht, die zugleich an ihm hängt.

Denn wenn auch die schlecht bestrahlte Schütze-Frau bis zur betrügerischen Gesellschaftshyäne absinken und ihren Mann geradezu lächerlich machen kann, in der Regel wird man mit diesem Vollweib aus dem Element Feuer durchaus zufrieden sein, steht doch Jupiter gewaltig und verheißungsvoll über ihr. Diese zweite Sonne macht sie beliebt und gibt ihr Selbstvertrauen, zieht Freunde an und gestattet so manches Risiko, wie etwa das Glücksspiel.

In der Liebe hat die Schütze-Frau ihre Eigenheiten, deren bedenklichste ihr Hang ist, sich die Männer selbst auszusuchen und sie dann gnadenlos zu erlegen. Dem Zwilling mag das gerade noch erträglich erscheinen, er ist nicht allzu maskulin, aber wer sagt ihm, daß sie nach der Hochzeit mit diesem Sport aufhört?

Im Bett gibt sie sich voll, nimmt aber auch, was sie braucht, und sie weiß ganz genau, was das ist. Stolz und selbstsicher, schämt sie sich nicht, sondern fordert, aber der Zwilling-Mann wird sich dem mit wohligen Schauern unterwerfen. Im Cunnilingus kann sie lange wollüstig zittern und nach endloser Vorbereitung dann irre Orgasmen abziehen, nach denen sie die Augen verdreht und in Ruhe gelassen werden will.

# Und ganz zum Schluß:
# Die Coda für die Zwilling-Frau

## ZWILLING-FRAU UND STEINBOCK-MANN

Mit diesen beiden Partnern stehen einander beträchtliche
Gegensätze gegenüber, aber das sagt noch nicht, daß die
Verbindung solcher Menschen in der Ehe zu Dauerkonflik-
ten und zur Scheidung führen muß. Die Ergänzungsmög-
lichkeit und damit die Schaffung eines tauglichen Ganzen
sind durchaus gegeben.

Der Steinbock ist gegenüber dem Zwilling ungleich ernst-
hafter, ruhiger und beständiger; er kommt aus einem Erdzeichen, er kommt aus dem Winter, er hat ein festes Ziel im
Leben, das er unbedingt erreichen will. In Ehen, in denen
der Mann der Steinbock ist, kann dieser Grundgegensatz
eine ganz reizvolle Kombination abgeben, denn daß *er* sich
voll seinem Beruf widmet, daß *er* nach oben kommen will,
sichert die Ehe ja zumindest materiell und schafft damit
schon eine der Voraussetzungen für das Gelingen. Reiberei-
en können allerdings daraus entstehen, daß die Zwilling-
Frau das Geld, das der Steinbock so hart arbeitend heran-
schafft, mit leichter Hand und ziemlich schnell wieder aus-
gibt. Andererseits wissen wir alle, daß man ein wenig locker-
lassen muß, wenn man etwas vom Leben haben will, und
insofern kann die Zwilling-Frau eine wichtige Funktion

*Michael von Zichy »Liebe«*

neben dem Steinbock erlangen: Sie vermag sein Leben zu erheitern, den häuslichen Betrieb aufzuhellen, für eine seelische Durchwärmung der sonst zu sachlichen Atmosphäre zu sorgen, Reisen in den Lebensplan einzufügen und die Kinder gegen die väterliche Härte ein wenig abzuschirmen.

Erotische Sensationen darf sie sich freilich in dieser Ehe nicht erwarten. Ihr Mann wird ihr treu bleiben oder sie doch nur mit seinem Beruf, seiner Arbeit betrügen. Ihn zu Hause zu lockern, ihn in eine erlösende Liebesstunde einzuspinnen, das wird aber stets ihrer Initiative überlassen bleiben, was allerdings nicht sagt, daß der Steinbock-Mann ein schlechter Liebhaber sei: Man muß ihn nur auf den Geschmack bringen, und die Zwilling-Frau kann das.

## ZWILLING-FRAU UND WASSERMANN-MANN

Das sind zwei Menschen, die gemeinsam viel erreichen können. In ihr drängt alles zum Wechsel, zum Erlebnis, zum Reisen, und er ist so wendig und verbesserungssüchtig wie kein anderer Mann des Tierkreises. Nur mit der Stabilität, da hapert es bei beiden, und sie müssen einander schon sehr lieben, um die zentrifugalen Tendenzen dieser Verbindung stets im Griff zu behalten. Aber die Zwilling-Frau gilt ja als immerzu verliebt und der Aquarius-Mann als der anpassungsfähigste, aufmerksamste Liebhaber; da lassen sich Bande knüpfen, von denen keine Schulweisheit sich etwas träumen läßt.

Der Wassermann allerdings knüpft diese Bande auch gern außer Haus. Seine Freunde sollen auch ihre Freunde sein, diese Maxime stößt nicht immer auf Gegenliebe. Die Zwilling-Frau wird Geist und Schwung brauchen, um über diese Hindernisse hinwegzukommen.

Was sie dabei tröstet, was sie am Ende des Tages versöhnt und belohnt, das ist der entspannte Wassermann im Bett (das kein Wasserbett zu sein braucht, er kann es auch auf Schaumstoff). Der weltgewandte Weltverbesserer braucht die friedliche Phase am Abend, und er wird in den Armen seiner Zwillingsfrau zu einem zärtlichen und einfallsreichen Gefährten, der vor allem den sekundären Geschlechtsmerkmalen besondere Aufmerksamkeit zuwendet. Die beiden runden Hemisphären der Zwillingin, prosaisch ausgedrückt: ihr Hintern, können seiner ausführlichsten Zärtlichkeiten sicher sein, die mageren Mandelkern-Ärsche hingegen straft er mit Verachtung. Scheuen Sie sich also nicht, gut zu essen, liebe Zwilling-Frau, ist der Wassermann auch ein Bruder Leichtfuß, so liebt er zu Hause doch ein wohlangerichtetes erotisches Mahl, und Sie werden sehen, daß es auch Ihnen gefällt: Er gibt sich nicht vorschnell zufrieden, er widmet sich Ihnen gewandt und galant und wird nur augenblicksweise vergessen, daß es seine eigene Frau ist, die er so verwöhnt . . .

## ZWILLING-FRAU UND FISCHE-MANN

Es gibt vieles, was diesen Mann zwischen zwei Welten mit der zwischen den Extremen schwankenden Zwilling-Frau verbindet oder doch als gemeinsames Schicksal empfunden werden könnte. Beim Fisch sind allerdings die Bereiche

*Fische-Mann Joachim Fuchsberger*

seines Lebens nicht so gegensätzlich, nicht so scharf gegen-
einandergesetzt wie beim Zwilling, ja die Traumwelt der
Fische bildet sogar eine sehr harmonische Ergänzung für
ihre Alltagsexistenz und versöhnt den empfindsamen Fisch
mit dem täglichen Kram.

In der Liebe sind die Fische-Männer sehr angenehme
Partner, denn sie verstehen es zu erraten, was die Frauen
nicht gerne aussprechen. Männer mit diesem Ahnungsver-

mögen sind selten, und es macht sie natürlich auch zu guten Liebhabern, ja eigentlich zu den besten, denn sie schalten sich nicht erst ein, wenn sie mit der geliebten Frau im Bett liegen, sondern schaffen den ganzen Tag eine erotische Atmosphäre, eine zärtliche Stimmung, die für die ganze Ehe von besonderer Bedeutung ist.

Im Bett exzelliert diese Fähigkeit. Der Fisch kommt schnell und galant allem zuvor, was die Zwilling-Frau eben noch erwägt. Er fängt ihre erotische Aggressivität weich auf mit dem Gespinst seiner Träume und verzaubert selbst die gute Bettgefährtin (als welche die Zwilling-Frau gilt), weil sie beglückt feststellt, daß sie nicht nur durchschaut, sondern auch verstanden wurde. Nur das neckische Sexgeplauder am Bettrand, das die Zwilling-Frau im allgemeinen schätzt, sollte sie bei einem Stimmungsmenschen wie dem Fische-Mann lieber sein lassen, es beraubt ihn seiner besonderen Fähigkeiten.

## ZWILLING-FRAU UND WIDDER-MANN

Hier sind zunächst starke Sympathien am Werk, weil die stets ein wenig schutzbedürftige Zwilling-Frau diesen sicheren, harten und maskulinen Typus naturgemäß ins Auge faßt, wenn sie eine Dauerlösung wie die Ehe anpeilt. Vor allem wenn sie sehr jung ist, wenn das Vaterbild in ihr noch abgelöst werden muß, hat der Widder ausgezeichnete Chancen, diese springlebendige, spannungsgeladene Edelfrau des Tierkreises zu unterwerfen, zumindest auf Zeit – nach ein paar Ehejahren spätestens kehrt sie ja dann doch den Spieß um oder versucht es zumindest.

Der gut bestrahlte Widder hat in der Zwilling-Frau eine Gefährtin, wie er sie sich besser nicht wünschen kann; sie ist elastisch genug, seinem Abenteuerdrang zu folgen, und birgt in sich alle Möglichkeiten, einen Höhenflug mitzumachen. Ja, die geistigen Interessen werden in ihr meist stärker ausgeprägt sein als im allzu konkret gestimmten Widder.

Die glücklichsten Stunden haben die beiden selbst bei einem gewissen Bildungsgefälle im Bett. Da läßt sich die anspruchsvolle Zwillingin gerne unterwerfen, und da bügelt der Widder glanzvoll aus, was er ihr bei der letzten Abendgesellschaft an Bonmots schuldig geblieben ist. Sie liebt es, als Individuum begehrt zu werden, sie will ihre Besonderheiten gewürdigt sehen, sie sucht die ganz persönliche Erfüllung. Es wird ein wenig Erziehung brauchen, um den universellen Sexualappetit des Widders auf diese schmale Spur umzustellen; ist es aber gelungen, so harren ihrer die schönsten Erfüllungen, und er darf sich besonderer Triumphe rühmen, wie sie auch der robusten Widder-Kraft sonst nur selten zufallen.

## ZWILLING-FRAU UND STIER-MANN

Diese Nachbarn können nicht allzugut miteinander. Er liebt die Ruhe, sie adoriert das Gespräch; er schätzt sein Heim, sie sucht das Abenteuer; er ist sparsam, sie gibt gern Geld aus. Aber sind das tatsächlich Gründe, um eine Ehe zum Scheitern zu verurteilen? Seine Bedächtigkeit wird ihr Vertrauen einflößen, ihre quecksilbrige Natur wird ihn amüsieren, das ist schon etwas Positives. Hinzu kommt bei vielen ein wenig selbstkritischen Stier-Männern, daß sie die eigene Bequemlichkeit als Manko empfinden und sich ganz gern aufmischen lassen. Dazu aber ist kaum jemand geeigneter als die Zwilling-Frau.

Der kunstsinnige und schönheitsliebende Stier hat übrigens im Geistigen einiges mit ihr gemein, und er wird es zu schätzen wissen, daß sie viel Geschmack in der Kleidung und viel Geschick bei allen gesellschaftlichen Anlässen entwickelt. Damit hat sie schon sehr viel gewonnen, denn der allzu ruhige Stier gilt gerade auf Partys bisweilen als zurückhaltend bis zur Misanthropie.

Abends allein, können die zwei sich gutgelaunt über das Abenteuer des Tages und die anderen unterhalten, sie mit flinker Zunge, er aus der gemütlichen Distanz seiner Über-

*»Venus und Cupido« von Bronzino* ▶

legenheit. Und wenn sie solchermaßen entspannt den letzten Kognac getrunken haben, tut die Zwilling-Frau gut, sich womöglich noch vor dem Kamin zu entkleiden: Je eleganter eine Frau ist, desto köstlicher der Schock, den Eskapaden dieser Art auslösen. Der Stier ist kein raffinierter, aber ein ausdauernder Liebhaber. Gut angeheizt, verspricht er eine angenehm erfüllte Abendstunde und ein nettes Nümmerchen am Morgen gleichsam zum Abschluß. Löschen Sie nicht das Licht, Madame Zwilling: So wie Sie die schönen Gemälde lieben, so liebt der Stier einen schönen Frauenleib.

## ZWILLING-FRAU UND ZWILLING-MANN

Die Partnerschaft gleicher Zeichen kann sich auf viele Gemeinsamkeiten stützen, aber nicht unbedingt darauf verlassen. Im allgemeinen stehen die Zwilling-Eigenschaften der Frau besser an und werden an ihr lieber gesehen als beim Mann, und was den Konnex betrifft, so haben wir ihn beim Zwilling-Mann im zweiten Kapitel dieses Buches besprochen. Gerade für den Zwilling gilt freilich: Wenn zwei dasselbe tun, ist es darum noch lange nicht dasselbe. Bei gleichen Tierkreiszeichen erhalten die Aszendenten darum besondere Bedeutung, für deren Ermittlung die Kenntnis der Geburtsstunde unerläßlich ist.

## ZWILLING-FRAU UND KREBS-MANN

In dieser Verbindung treffen Temperament und Gefühl, Weltbesessenheit und reiches Innenleben aufeinander. Das kann gutgehen, wenn die Partner bei gleichem intellektuellen Niveau sich über die Unterschiede ihrer Grundveranlagung klarwerden. Das kann aber in eine auf die Dauer ungesunde Überlegenheit der energischen und wortgewandten Zwilling-Frau ausarten, bei der die Gefühlswelt des Krebs-Mannes nach und nach zusammenbricht. Der

Partner verstummt in nicht selten gefährlicher Weise. Psychische Störungen und Selbstmorde sind nicht ausgeschlossen.

Machen Sie sich also bitte klar, verehrte Madame Zwilling, daß Sie mit dem Krebs-Mann einen Solitär in der Hand haben. Er ist tief und treu, er liebt Haus und Familie, er hat Ideen und geht seinem Beruf, sanft gedrängt, im allgemeinen ordentlich nach. Was er aber unbedingt braucht, das sind die Seelenmassagen. Und was ihm sehr schadet, sind Verletzungen, Brüskierungen, Unverständnis.

Sie sind eine Frau, Sie wollen geliebt werden: Der Krebs-Mann liebt mit allem, was er hat, er kennt keine Reserven, er wirft sich in seine Leidenschaft hinein, daß das Bett knarrt. Für ihn werden Sie zum Sexualobjekt von Kopf bis Fuß, er läßt keinen Quadratzentimeter Ihres Luxuskörpers aus und wird Sie mit seinen Zärtlichkeiten in Verzückung versetzen. Nehmen Sie ihm diese Freude nicht, lassen Sie ihn gewähren, denn der simple Akt (in dem er durchaus tüchtig ist) gibt ihm nicht jenes Seelen-Manna, das er als Mond-Untertan stets braucht. Und es ist nicht Perversion, sondern tiefste Natur des Krebs-Mannes, wenn er an den Schamlippen geradezu saugt, weil er seine Mutterbindung nur schwer überwinden kann, und wenn er sich mit den wohlgestalteten, aber nicht allzu üppigen Brüsten der Zwilling-Frau über Gebühr befaßt.

## ZWILLING-FRAU UND LÖWE-MANN

Wenn Sie diese Verbindung eingehen, Madame Zwilling, nehmen Sie sich viel vor – und Sie nehmen viel auf sich. Ihr Entschluß ist zwar verständlich, denn welche Frau wünscht sich nicht einen starken, mit allen maskulinen Eigenschaften ausgestatteten und im Lebenskampf tüchtigen Mann. Aber haben Sie auch bedacht, daß er ein Löwe bleibt, auch wenn die Haustür hinter ihm mit lautem Knall ins Schloß fiel? Daß er seine Löwe-Eigenschaften nicht ablegt, wenn er mit Ihnen und den Kindern am Familientisch sitzt?

*Picasso »Umarmung«*

Nun, nicht jeder Löwe wird ein Napoleon, das wäre ja
auch unerträglich. Seine leoninischen Grundtendenzen er-
schöpfen sich sehr oft in einer gewissen Neigung zur häuslichen Tyrannis und darin, daß er sich im Büro unter Wert
behandelt findet. Diese murrenden Löwen kann eine Zwilling-Frau gut handhaben, denn sie hat die Suada und die
Überzeugungskraft für sich, sie wird ihm den Kopf kraulen
und ihm klarmachen, daß er für sie und allenfalls auch für
die Kinder eben der Löwe sei und bleibe, ganz gleich, was
sein Abteilungsleiter von ihm halte.

Diese heimliche und häusliche Entente wird naturgemäß
im Bett besiegelt, und da ist der Löwe, auch wenn ihm sonst
nicht alles gelingt, eine durchaus akzeptable Lösung. Zwar
wird er zunächst den starken Mann markieren und mit
großer Gebärde auf den Pimmel weisen; nun dann muß
eben ein wenig Fellatio geleistet werden, das weiß man

inzwischen von den Löwen (und nicht nur von ihnen; manche Pornoschinken aus den USA erwecken den Eindruck, als habe die Beschneidung überhaupt nur stattgefunden, um das Vergnügen an dieser Technik zu erhöhen). Ist der Löwe stimuliert, wird er mit zärtlichem Gebrüll über die Zwilling-Dame herfallen und ihr zeigen, daß er der König ist. Man versäume bloß nicht, es ihm nachher schön deutlich zu bestätigen.

## ZWILLING-FRAU UND JUNGFRAU-MANN

Hier herrschen bedeutsame Gemeinsamkeiten vor. Die kluge, bisweilen superkluge Zwilling-Frau findet an der starken Intelligenz des Jungfrau-Geborenen Gefallen und nicht selten sogar in ihm ihren Meister. Er wiederum ist verblüfft: Er hatte natürlich angenommen, daß sich ein so wacher Verstand, ein so gutes Ausdrucksvermögen und soviel persönliche Originalität bei einer Frau, und gar vereint, niemals finden könnten.

Es obliegt nun Ihnen, Madame Zwilling, diesen nüchternen Patron davon zu überzeugen, daß Ihre Fähigkeiten auch gewisse Ansprüche bedingen. Holen Sie ihn heraus aus seiner Eierkopf-Überlegenheit, setzen Sie ihn mitten hinein ins tägliche Leben und machen Sie ihm klar, daß für Jungfrauen, auch für männliche, keine Extrawürste gebraten werden.

Er wird zunächst sauer reagieren, dann in eine seiner vielen Krankheiten flüchten (keine Angst: 65% davon sind pure Einbildung) und endlich, wenn Sie ihn nett umsorgen und dabei ein wenig zärtlich sind, völlig auftauen und Ihnen befreit gestehen, daß er seine eigene Pedanterie und Intellektualität zum Kotzen findet. Dann sind Sie dran mit der großen Zwilling-Sex-Show: Der Jungfrau-Mann – leider und immer aufs neue bestätigt zum geheimen Manneslaster der Onanie neigend – muß von starker weiblicher Hand dorthin geführt werden, wo sein Pimmel eine höchst rühmenswerte Betätigung finden kann. Die genauen Jungfrau-

Männer hören nämlich auch beim Vögeln erst auf, wenn man ihnen dazu ein Signal gibt, und sind von beträchtlicher Ausdauer, ohne es selbst zu wissen. Die begrenzte Maskulinität des Jungfrau-Geborenen braucht starke sexuelle Anregungen und reagiert stark auf Sex in Schwesterntracht, auf Tenniskleidchen, auf die Quasi-Vergewaltigung. Nehmen Sie ihm darum, liebe Zwilling-Frau, die Initiative ab, sooft Sie es für richtig halten, er nämlich hat keine . . .

## ZWILLING-FRAU UND WAAGE-MANN

Der Freund oder auch Ehemann aus diesem Tierkreiszeichen bringt eine Menge von dem mit, was die Zwilling-Frau zwar nicht so wahnsinnig braucht (weil sie selbst genug davon hat), was sie aber sehr schätzt: Er kommt aus einem Luftzeichen, wird also vom gleichen Element geführt wie die Zwillingin selbst. Das gibt ihm eine gewisse Leichtigkeit im Umgang mit den Dingen des Lebens, die Fähigkeit, sich zu arrangieren, das Genie, aus allem das Beste zu machen. Er ist der Mann der Zwischenfälle, aber es sieht manchmal so aus, als liefen sie nur auf ihn zu, damit er sein Talent des Überstehens und Überwindens an ihnen demonstrieren kann.

Schnell beweglich und im Grund auf Kameradschaft gestimmt, weil die Liebe ihm ein wenig zu tief unter die Haut geht, wird der Waage-Mann seine Frau in der Regel gut behandeln. Er wird höflich gelten lassen, was sie zu sagen hat, und da das bei der Zwilling-Frau nicht wenig ist, wird er wohl auch einige Geduld aufbringen müssen. Soweit steht alles recht gut. Allzu Gleichartiges aber neutralisiert sich; der große Durchbruch ist bei diesen Ehen ebenso selten wie das wirkliche Pech, sie bleiben oft in einem recht erträglichen Mittelmaß stecken.

◀ *Liebespaar, Vishwanatha Tempel, Indien 10. Jahrhundert*

Wo der Waage-Mann sich von seinen besten Seiten zeigen kann, ist das ganze Feld der Liebe oder eigentlich des Dienstes an der Frau. Derlei liegt ihm, er ist der geborene Kavalier, und es macht ihm sogar Spaß. Er wird sich zwar gelegentlich in den Vordergrund spielen – man soll schließlich wissen, was man an ihm hat – aber das sind läßliche Sünden bei einem Mann, der sich mit soviel Talent um die Frau an seiner Seite annimmt. Er liebt mit Emphase, Sachkenntnis und jener Großzügigkeit, bei der die Frau mehr abbekommt als der Mann: Er weiß, daß noch kein Waage-Mann lange allein geblieben ist, und was die eine nicht bringt, das macht die nächste an ihm gut.

## ZWILLING-FRAU UND SKORPION-MANN

Nun, Madame, Sie haben es so gewollt. Es gibt für den Zwilling, männlich oder weiblich, kaum eine stärkere Herausforderung als den Skorpion, Luft gegen Wasser, Unruhe gegen Konzentration, Flexibilität gegen durchdringenden Erkenntnisdrang.

Vor dem geistigen Auge des Skorpion-Mannes stehen Sie, liebe Zwilling-Frau, vom ersten Augenblick an so nackt da, wie Gott sie geschaffen hat. Er weiß alles von Ihnen, ehe Sie Zeit hatten, es ihm zu sagen, und er wird Ihnen zu gegebener Zeit beweisen, daß Sie für ihn kein Rätsel sind – denn er ist argwöhnisch und eifersüchtig, er wird Sie noch in der Verlobungszeit bei einem harmlosen Flirt ertappen und daraus für mindestens fünf Ehejahre die Berechtigung ableiten, Sie zu kontrollieren.

Ihn zu beruhigen, vermag eigentlich nur ein gut funktionierendes Hauswesen. Er ist tüchtig im Beruf, ehrgeizig und mit sich selbst kaum je zufrieden: Ihr eigener wendiger Verstand und Ihre Geschicklichkeit im Erfassen von Zusammenhängen geben Ihnen die Chance, auf seinem eigenen Gebiet, in seinem Beruf, seiner geistigen Welt an seiner Seite zu bleiben.

Diese Gemeinschaft wird jedoch bei weitem durch das

überboten, was ein gesunder Skorpion Ihnen im Bett bietet. Er gilt nicht nur als die Sex-Koryphäe des Tierkreises, er ist es auch. Während bei den Männern der Feuer-Zeichen Gier und Kraft dominieren, ist der Skorpion vom Sex an sich besessen und wird aus Ihnen, verehrte Zwilling-Dame, ob Sie es wollen oder nicht, ein Instrument der geschlechtlichen Liebe machen. Sie werden entdecken, was in Ihnen schlummert, Sie werden durch ihn Ihren Körper neu erleben. Gute Kondition und gutgelauntes Erfassen seiner Ideen sind Vorbedingungen für eine glückliche Gemeinschaft mit dem Skorpion. Er gibt viel und nimmt ohne Maß . . .

## ZWILLING-FRAU UND SCHÜTZE-MANN

Die strengen Astrologen früherer Jahrhunderte haben stets die Hände über dem Kopf zusammengeschlagen, wenn eine Zwilling-Prinzessin an einen Schütze-Prinzen vergeben werden sollte, und auf die Tatsache hingewiesen, daß diese beiden Zeichen einander im Tierkreis gegenüberstehen. Aber die moderne psychologisch orientierte Astrologie kann auch auf positive Fakten verweisen, die für ein Zusammengehen dieser beiden Menschentypen sprechen oder die doch, wenn dieses Zusammengehen bereits erfolgt ist, die Zukunftschancen einer solchen Ehe durchaus günstig erscheinen lassen.

In beiden Fällen liegen starke Persönlichkeiten vor, die einen gewissen Freiheitsdrang haben, die Freunde in hohem Maß anziehen und die Geselligkeit lieben. Diese wichtigen Momente werden bei der Lebensführung eine Rolle spielen. Gegensätzlich sind die feurigen Energien des Schützen und das spielerische Weltverständnis der Zwilling-Frau. Da wird man sich einigen müssen und wohl auch können, denn das letzte Wort spricht gewiß die umgebende Wirklichkeit.

In der Liebe steht zwischen den beiden alles zum besten. Der Schütze-Mann liebt es nicht sonderlich, an seiner Gespielin herumzumodellieren. Er wendet seine Energien nach außen (und nicht immer auf die sinnvollste Weise) und

*Persische Miniatur. Erstes Viertel des 19. Jahrhunderts*

genießt es durchaus, daß seine Frau anders ist. Sie darf sogar immer wieder anders sein, und genau das kann die Zwilling-Frau ausgezeichnet. Sie wird ihren Stimmungen freien Lauf lassen und sich an einem Abend als die Spröde geben, die behutsam erobert werden will, an einem anderen als die Kurtisane, die ihren Mann zu den gewagtesten Spielen hinreißt. Gefährdet ist die eheliche Treue einmal durch ihre Luft-Heimat und zum andern durch seine Tendenz, den Freunden vorzuführen, was er für eine attraktive Frau hat – da kann es dann geschehen, daß einer wirklich zugreift und sie sich nicht entzieht . . .